# 高中数学课堂教学策略研究

乐兴贵　著

延边大学出版社

**图书在版编目（ＣＩＰ）数据**

高中数学课堂教学策略研究 / 乐兴贵著. -- 延吉：
延边大学出版社, 2019.6
　　ISBN 978-7-5688-7183-9

　　Ⅰ.①高… Ⅱ.①乐… Ⅲ.①中学数学课－课堂教学
－教学研究－高中 Ⅳ.①G633.602

　　中国版本图书馆 CIP 数据核字(2019)第 131823 号

**高中数学课堂教学策略研究**

------------------------------------------------------------

著　　者：乐兴贵
责任编辑：段军伟
封面设计：延大兴业
出版发行：延边大学出版社
社　　址：吉林省延吉市公园路 977 号　　邮　　编：133002
网　　址：http://www.ydcbs.com　　E-mail：ydcbs@ydcbs.com
电　　话：0433-2732435　　　　　　　传　　真：0433-2732434
制　　作：山东延大兴业文化传媒有限责任公司
印　　刷：北京建宏印刷有限公司
开　　本：787×1092　1/16
印　　张：5.5
字　　数：80 千字
版　　次：2019 年 6 月第 1 版
印　　次：2019 年 6 月第 1 次印刷
书　　号：ISBN 978-7-5688-7183-9

------------------------------------------------------------

定价：30.00 元

# 前　言

　　数学，对普通人而言，似乎是"枯燥"和"乏味"的代名词，甚至在有些读书人的心目中，数学仅仅是一堆抽象的、无用的数字和公式，学习数学除了应付考试和对智力发展有一点帮助外，毫无其他用处，生活中用到的数学也只是一点简单的算术知识，根本用不到任何高深的数学。这是对数学的偏见和敌视。其实，数学以严谨的逻辑、翔实的推理，牢固地站在真理的大舞台之上，不因时光流转、世事变迁而摇摆，它用符号化的语言来阐述自然规律，既有卓越的智力价值，又有深刻的文化价值与应用价值。尽管人们走上社会以后，学校里所学的数学知识渐渐淡忘了，但那种铭刻在人们心头的数学精神和数学思想永存，它在人们的学习、工作和生活中将长期发挥重要作用。法国作家雨果有一句名言："人的智慧掌握着三把钥匙——一把开启数学、一把开启字母、一把开启音符，知识、思想、幻想就在其中。"据说在著名的美国西点军校，开设了许多高深的数学课程，其目的并不在于在实战中要用到这些数学知识，而是让学员接受严格的数学训练，来完善其个性品质，养成一种坚定不移而又客观公正的品格，形成一种严谨而又精确的思维习惯，以便在未来的军事行动中能随机应变，灵活机智地作出反应。数学是什么？在人类社会中究竟扮演什么角色？恐怕许多人依然模糊不清，对此美国前总统的一位科学顾问曾有过一个很好的回答："很少有人认识到，当前被如此广泛称颂的高科技，本质上就是数学技术。"恩格斯曾说："数学在一门科学中应用的程度，标志着这门科学成熟的程度。"培根说："数学是通向科学大门的钥匙。"1994年国际数学家大会开幕式上，一位瑞士的科学部长意味深长地说："我同意并确信，作为现代世界的一个基本组成部分是需要有数学思维的。历史上，数学曾是打开启蒙运动大门的钥匙。今天，纯粹数学仍然可以被认为是逻辑思维的监护人。"遗憾的是，人们往往只看到技术发展的种种现象，并享受由此带来的各种成果，却忽略了在背后支撑这些发展与成果的基础科学。在此，笔者发出肺腑之言："数学是描述科学、技术和工程的语言，是关于数量关系和空间形式的科学，是空间关系的浓缩，是数量关系的组合，是数与形编织的图画。一个国家的科学水平可以用它消耗的数学来度量，数学强则国家的科技强。"

教师作为一个通过燃烧自己、开发学生价值潜能的人，也有实现自身价值的需要。我们知道，任何一个工厂都是通过其生产的产品的价值来实现自身的价值。如果哪一天这个工厂不能再生产市场需要的产品了，这个工厂的价值也就不存在了。教师的价值是通过其所教过的学生的价值来体现的。教的学生越多，学生发展得越好，教师教育的价值就越大。

随着新课的进行，高中数学教学愈加重视课堂教学策略的运用。在高中数学课堂教学中，要使学生始终处于积极的学习状态、取得良好的教学效果，不但要挖掘学生的智力潜力，还要努力培养和发展学生的非智力因素，与学生建立平等和谐的合作互研关系，注重活跃课堂学习气氛，培养学生的思维能力。这就要求教者在课堂教学中创新先进的教学方法，实施有效的教学策略。笔者主要探究了高中数学课堂教学策略，希望能够推动高中数学教学更好地进行。

# 目　录

# 第一章 高中数学课堂教学管理现状

## 第一节 高中数学课堂教学管理概述

### 一、高中数学课堂教学管理的内涵

对于课堂管理的概念，许多学者进行了深入、系统的研究。有的学者认为课堂教学管理就是教室管理，有的学者则把它看成是一种生成过程，还有的学者把它当成一种艺术。

高中数学课堂教学管理是教师在高中数学教学活动过程中，对课堂教学进行的管理，是教师和学生共同参与和处理影响教学的各种因素，为数学教学提供良好的环境，进而增强教师教学的积极性和学生学习数学的主动性，促进师生共同进步和发展，顺利完成数学课堂教学，生成性地完成课堂教学目标的过程。

### 二、高中数学课堂教学的特点

高中数学作为一门重要学科，课堂教学也有其独有的特点。

基于高中数学学科的特点，教师的教学方法也是不同于其他学科的。数学教师必须对所讲内容足够熟练，要充分了解本班学生的知识水平和接受能力，并结合学生的心理特点来选择教学方法、制定教学设计。教师要将抽象问题直观化，例如在学习空间直角坐标系时，可以让学生观察教室里的墙角，从而找准 x 轴、y 轴、z 轴，进而在脑海中生成直观形象；在具体做题时，也可以以实际中的物体来代替，便于观察，利于引导学生将数学和实践结合起来。

课堂教学要充分调动学生的积极性。高中数学内容多、任务重，这是我们所周知的，因而教师必须要把握课堂的高效性，在有效的时间内，引导学生高效地掌握数学知识和思想方法，而不是一味地灌输知识。教师可以选用多媒体教学手段辅助教学，把信息技术手段融入课堂教学，例如：在讲解"函数的单调性、周期性、最值"时，就可以借助多媒体，不仅形象直观，而且也可以省掉教师作图的时间，提高课堂的高效性；在讲授"简单几何体"时，教师可以用多媒体把生活中的实物呈现在课堂中，一方面加深学生对几何体的认识，另一方面可以让学生更加直观地感受到它们的几何特征。

进行课堂教学时，教师还要引导学生发散思维，促进他们数学学习的能力，形成良好的认知结构。例如："函数的奇偶性"这一部分知识，教师要引导学生学会比较分析，学会类比记忆。在学过"指数函数"后，对于"对数函数、幂函数"的学习，学生要会根据已有的知识和层次来进行学习，为以后的数学学习及其他学科学习奠定基础。

教师要注重培养学生的实际解决问题能力。数学学习讲究发散思维，教师要引导学生学会梳理知识结构，将所学知识纳入已有的知识体系中，学会知识的迁移应用。

## 三、高中数学课堂教学管理的特点

数学课堂教学管理在教学中有着举足轻重的作用。要想成为一名优秀的高中数学教师，就必须要知道高中数学课堂教学管理的特点。高中数学课堂教学管理具有教育性、及时性、协作性、规范性、自组织性和整体性的特点。高中数学课堂教学管理既是一种管理活动，又是一种教育活动，教师的言行举止时刻影响着学生，所以课堂教学具有一定的教育性。教师要及时发现和处理课堂中出现的各种影响教学活动正常进行的事件，这就显示出课堂教学管理具有及时性。在课堂活动中，难免会遇到各种各样的偶发事件，这就要求教师及时做出果断、正确的反应来保证课堂教学活动的正常进行。课堂包含着教师和学生，所以，课堂管理不只是教师独自主宰，应该是师生共同努力协作完成的，这就是课堂教学管理的协作性。课堂活动要顺利进行，少不了一定的课堂行为规范，同时，一定的课堂行为规范可以促使学生产生行为自觉，对学生的课堂表现产生积极影响。课堂处在不断更新中，会形成稳定的课堂文化，如同大自然的自净能力一般，因此课堂教学管理有一定的自组织性。学生在不同的课堂氛围中，会有不同的恰当表现，逐渐地会养成习惯，形成行为自觉，从而达到自我管理的良好状态。课堂是由多种因素组成的，主要包含人和环境，由于高中数学课堂教学管理受到各种因素的影响，教师必须要综合考虑，真正把握其特性，才能做到课堂教学管理的最佳效果。

## 四、高中数学课堂教学管理的理论基础

课堂教学管理作为一种课堂实践活动，有着丰富的理论基础。笔者将从心理学、社会学、生态学和哲学这四个方面展开说明。

（一）心理学基础

心理学的不断成长为教育事业的发展起了巨大的作用，它作为课堂教学管理的理论基础，更加关注师生的心理发展变化及其规律。二十世纪六十年代，认知心理学提倡从人的认知着手，促使学生养成课堂行为自觉，逐步建立和谐友善的师生关系；人本主义心理学则是从学生的需要和潜能入手，认为教师要给学生提供良好的机会，促使他们积极主动地学习。心理学的各项成就都为课堂教学管理的研究奠定了基础，提供了可做参考的指导方法，是课堂教学管理的重要理论之一。

（二）社会学基础

社会学对于高中数学课堂教学管理很有启示作用和借鉴价值。课堂，就是让每个个体社会化，使其中的成员培养共同的信念、态度和价值标准，使得每个个体面对不断变化的课堂，能够在思想和态度方面保持一致。课堂既然是个微型的社会系统，包含着诸多因素，任何一个因素都将会对课堂产生影响，因此，要协调好其中的各个因素，使其和谐统一。

（三）生态学基础

课堂既是一种特殊的社会系统，又是一种特殊的生态系统。在这个系统中，

各个因素之间是相互作用、相互制约的。课堂教学管理要实现这个生态系统的最基础的性能，也就是自主管理，就要通过促进和维持课堂生态，使其保持平衡。要不断促使这个系统中各个因素的优化，从而使学生能够积极参与、密切配合，形成良好的局面。信息交流和情感互动是其中的重要因素，在课堂这个系统中是不可或缺的，只有其不断循环、流动，才能够造就良好的学习氛围，从而使课堂达到最佳状态。

（四）哲学基础

存在主义哲学强调：世间万物的存在只有一个基础，那就是人的存在。它认为，教育应当把学生当作一个独立存在和发展的人而不是一种物质来对待。教师应该创造能够让学生自主完成的教学环境，应该为学生创造各种各样自由选择的条件和时机，应该创设和谐民主的课堂氛围，解除"个人专制"。

结构主义则强调：世间是由各种关系而不是事物组成的。因此，教育要树立整体观念，以一种"找出各个事物之间有意义的联系的方式去理解"。作为教师，要能够把握课堂的整体性，要从事物间的关系去考察课堂中发生的事件，不能武断行事。同时，教师要树立自组织的课堂观念，要充分发挥学生的主观能动性和自觉性，使课堂的完善和延伸得到更好的发展。

后现代主义认为，课堂教学管理中，矛盾是必然存在的，课堂管理则是心灵与心灵之间的对话，能营造一种和谐的氛围，使得师生能够自由交流，通过交流获得共同的价值观。课堂要使学生解放，而不是被限制；要使师生和谐共存，进而构建和谐理性的课堂环境。

## 五、高中数学课堂教学管理的基本原则

课堂教学管理的结果直接影响着课堂教学，因此，必须要进行恰当的教学管理，这就要了解它的内在机制及其规律，遵循其基本原则。

（一）目标原则

明确的课堂教学管理目标对于课堂教学有着积极的作用。为了贯彻落实课

堂教学管理的目标原则，数学教师要通过合适的途径，使得每个学生都能够明白每节课的教学目标，使教师和学生能够朝着一个共同的方向积极向前。数学课堂每节课都要有明确的目标，而对于管理也是一样的。例如"直线的点斜式方程"这节课，教师最主要的目的就是引导学生学会点斜式方程的推导及应用，那么，课堂管理就是要保证教学目标的顺利完成，对于影响课堂的因素要及时处理。明确的目标会影响和制约教师和学生的活动，目标原则有一定的组织管理功能，明确的目标可以让学生成为课堂活动的主动参与者和掌控者，能够充分调动和发挥学生的自觉性，以及他们参与数学活动的热情和积极性。

（二）自组织原则

有人认为，课堂是一个组织系统的外在现象，它不能够被管理，而是在积极的建构下得到发展，它是一个自主地组织化、有序化的过程。对于教师而言，课堂教学管理的目标是使学生养成良好的自我管理的习惯。课堂是在不断寻求新的信息，这种过程是自然发展着，教师要创设良好的课堂环境，使学生进入自己的世界，引导学生做好自我管理。教师要对自组织性充分理解，要充分发挥课堂教学管理的自组织作用。

（三）反馈原则

课堂教学管理只有建立在学生的思想和学习特点之上，管理才有针对性，才会更有效。但是，一般教师在备课时往往忽略这些方面，不太关注课堂教学管理，这将会削弱课堂教学的效果。因此，教师要在根据实际情况落实调查学生的基本情况后，设计相关的管理措施。同时，在教学过程中，教师要不断运用从学生处得到的信号来对课堂教学管理活动做出实时调整。例如：在学习"导数的概念"时，部分学生不理解"导数"的定义，就会一直纠结着，而无法继续下一个环节，这就会影响正常的课堂教学。若是教师能够及时发现，得到学生的反馈信息，给予处理，就能够达到很好的管理效果。因而教师要充分发挥自己的聪明才智，在不断发生改变的教学过程中找寻最佳的管理策略，不能只限于自己的主观理解，拘泥于一成不变的管理策略。

（四）激励原则

所谓的"激励原则"就是，教师在课堂教学管理过程中，运用及时恰当的方法，不断激发学生参与学习的激情和主动性。这就要教师鼓励学生积极发言和思考，要不吝啬表扬，对于表现优秀的学生及时给予夸赞，这将使学生受到鼓舞，增加信心。例如：在解答"空间立体几何"这类大题时，有些学生选择运用几何法，有些学生则是选择建立空间直角坐标系求解，这时教师若是能够对于学生的不同解法给予肯定和赞扬，学生就会有更大的热情来学习数学。同时，教师对于学生不良的课堂表现要宽容大度，要给予正确的指引，使其发现错误，及时改正。因此，在课堂教学管理中，每一位教师尤其是高中数学教师，都要主动遵循激励原则，使课堂教学管理更加有效。

（五）系统性原则

之所以把课堂当作一个系统，是因为它的构成因素相对复杂，有物质的和非物质的（即精神的、心理的），有形的和无形的。教师是课堂教学的管理者和引导者，在课堂教学管理过程中，要从全局出发，考虑到得与失、利与弊，处理事情不可过于武断、过于片面。教师要使各个因素协调一致，发挥课堂的整体作用。例如，在学习"函数的极值"这一部分时，大多数学生都会忘记验证所求的值是否是真的极值点，这是学生普遍存在的问题，如果教师在课堂上对某个做错的同学严厉批评、挖苦讽刺，这不仅仅会伤害这个同学，还会对其他同学造成不良影响，打击学生学习的积极性。

（六）动态性原则

高中数学课堂教学管理是一个不断变化的过程，作为教师，要用发展的眼光去看待课堂中出现的各种问题，以发展的视角对出现的问题进行管理。课堂在不断变化，学生也在不断发展，相应的影响因素都在不断变化中。因此，教师应该用不断变化的目光来对待影响课堂教学正常进行的冲突和矛盾，运用变化的视觉认识课堂，认识课堂的进展和停滞。高中数学内容本就比较复杂难懂，在课堂中，总会有些学生跟不上教师的思路，会时不时地提出一些问题，例如，

"圆锥曲线"和"导数"这一类题型都属于拔高层次的题目，学生可能无法及时理解，会不断打断教师的讲解，这时教师要正确对待学生，用发展的眼光看待问题，这样的管理才能积极高效。

（七）内在性原则

教师总是习惯性地从外显性的表现对课堂进行教学管理，容易忽视学生自身的内在管理作用。而事实上，真正高效的管理是学生对于学习的自我掌控。根据新课程理念的标准，教师要引导和促使学生对自身学习进行管理，在这个过程中，能够培养学生的自我意识和责任感。高中数学教师要充分认识到学生的自我管理意识，为学生创造和提供更多的机会来充分发挥他们的主体性和积极性，进而实现内在控制。在课堂教学过程中，教师要给学生创造自主学习的机会，例如，在学习"直线的位置关系"时，可以设计成探究式教学，让学生自主探究，教师适时引导，这样，学生就会更加积极主动地参与到数学教学活动中。这对教师的课堂管理也起着积极的作用。

# 第二节　高中数学课堂教学管理存在的问题

## 一、学生因素

学生是课堂的重要成员，因而问题的发生少不了学生的因素。课堂问题的存在一部分源于学生。对于学生因素，笔者主要从心理因素和生理因素这两个方面来展开说明。

（一）生理因素

1.青春期困扰

高中阶段的学生已经不同于初中生和小学生，他们正处在生长发育的黄金时段，生理结构在不断地变化。高中阶段的学生开始更加关注自己的外在形象，会对自己的长相、体态、穿着打扮、肢体语言等更加敏感，若是皮肤出现一些小问题如青春痘、粉刺等，或者穿衣打扮不太理想，他们就会一直想着，无法投入学习；同样的，同桌或者其他同学的时尚装扮也会吸引着他们，在课堂上会时不时地看一下。这都会影响学生正常的课堂学习。总的来说，高中生不管是心理还是生理方面都在发生巨大的变化，有些学生可能无法迅速习惯和适应，这将会成为他们的困扰，进而产生这样或那样的课堂问题。

2.性别差异

从事教育的一线教师和教育研究者，大多都有这样一个感受：男生和女生在课堂中的表现有很明显的差异，尤其是在高中数学课堂中。高中数学课程内容相对复杂，课堂上主要是学生的脑力思维活动，而男生的思维相对来说要比女生活跃些，他们在数学课堂中就可能表现出不一样活动，也免不了要产生不一样的问题行为。

大部分女同学都会认真计算，即使第一问解决了也并不急于说出结果，而是继续用数学归纳法来进行证明。但是部分男生就会觉得自己已经把题目做完了，剩余的只需要简单说下或是留给其他同学证明即可，紧接着可能就会表现出一些与课堂学习无关的行为，如大声说话、挑逗还没做出来的同学等，即使有些不会的男同学也会跟着起哄。此时，有些女同学就会反感、厌恶，开始窃窃私语或者直接放弃思考，严重时学生之间很可能会发生口角。

据已有研究表明，在课堂问题中，男生大多表现为显性问题，如起哄、打架、顶嘴等，而女生隐性问题居多，如害怕提问、过于拘谨、窃窃私语等。与女生相比，男生精力旺盛、探究心强烈，但是自我控制能力较弱，而女同学更容易受到暗示，更愿意配合教师活动。这就使得男生于女生出现不同的课堂问题。

3.生理疲劳

学生生理因素方面的影响因素还有生理疲劳。虽然我国在大力推进素质教育，但是受升学压力的影响，相当一部分学校还处于应试教育中，这就会增加学生的负担。原本高中阶段学生的学习任务就繁重，再加上学校的各项任务，大脑要长期处于高强度运行中，免不了会疲劳，还有可能会造成注意力不集中、学习记忆力倒退、思维缓慢等后果。

比如，在"数列的常见求和方法"中，有公式法、倒序相加法、分组求和法、错位相加法等，这样的题目一般是需要学生认真细心计算才能够求解的，但是，学生若是精神萎靡，就很难做出来，相当于一直在做无用功。这样，学生的心理就会受到刺激，影响正常学习。另外，受各方面的影响，学生也很容易出现精神疲劳。这些都会对学生的学习效果产生重要影响。生理疲劳往往会使学生产生打瞌睡、注意力不集中、对学习不感兴趣等课堂问题。

（二）心理因素

1.认知能力差异

学生的认知水平是存在差异的。而在高中数学课堂中，教师一般是根据班级学生的平均水平来制订教学计划、确定教学内容和进度的。当教师所讲解的内容无法满足学生的求知欲时，有的学生就可能抢答或故意打断教师讲话，有的学生会和教师唱反调或是不注意听讲，还有的学生会影响其他同学学习。而对于有些学生来讲，学习变成一件艰难的事情，要一直追随教师的讲课步伐也变得不太现实，这有可能会使学生产生"自我妨碍"的心理效应，再加上来自家庭、学业的压力，很容易产生心理障碍，也会产生许许多多的课堂问题。

2.情感需要不能得到满足

高中生的情感丰富，并且波动性较大，当情感无法得到满足时，就会寻求其他东西来填补。在高中数学课堂中，一些学生可能会因为某些因素被教师忽略，这时，他们就会通过一些不太恰当的方式来寻求老师的关注，例如大声说笑、接话茬、发出怪异声响等，此时课堂问题也就随之产生了。

3.心理缺失

高中阶段的孩子，学业任务繁重，教师和父母的期望较高。据研究调查表明，大部分的高中生都存在着或多或少的心理问题，如焦躁不安、容易受挫、个性极端等问题。

若是在课堂中出现焦虑情绪，学生往往会焦躁不安、情绪不稳定、无端发火或者顾虑过多、左右徘徊，这些都是产生课堂问题行为的重要因素。成绩起伏等情况很容易使学生产生挫败感，对自己失去信心，或是出现紧张不安的情况，严重时，学生就会很容易产生厌学情绪，这就容易在课堂中走神，进而出现在课堂上打瞌睡、翻玩手机、看课外读物等问题行为。学生个性方面的问题也是一项重要因素，有些学生性格太过内向，通常就会出现抑制性退缩行为；相反的，过于活泼外向的学生，通常可能出现攻击性逆反行为，这都将影响课堂教学顺利进行。

4.环境适应能力差

部分高中生过于依赖家长或是其他因素，环境适应能力较差。当他们刚刚进入高中或者刚刚分班，进入一个新的班级环境中时，就会不适应，很可能会出现一些心理问题，例如焦虑不安、课堂上无法认真听讲、思想总是爱"抛锚"。有的学生过于依赖教师，对于原来数学老师的教学风格、教学习惯以及板书方式等早已习惯，学习方式也逐步确定，因而在从一个班级进入另一个班级时，很难接受新的教师。尤其是对于数学这门特殊的学科，不同教师讲解数学定义、定理、公式以及命题等的方式可能会千差万别，例如有的教师习惯以生活中的实例来引入新课，而有的教师却喜欢直接进入正题；对于例题的讲解方式也会有所不同，有的教师喜欢引导学生，由学生自主解决，而有的却是直接讲解，有的注重格式要求，板书工整，有的却是相对随意些。所以，对于新的教师，学生就有可能会出现逆反心理，处处与教师作对，或是对教师的任何行为都置之不理，无法适应新的环境和新的班集体，从而不能融入课堂教学活动中，进而出现一些问题行为。

## 二、教师因素

高中数学课堂是以学生为主体、教师为主导进行的数学活动，课堂问题的存在除了学生因素外，教师也有不可推卸的责任。笔者从查阅大量的文献资料和自己的实际经验出发，通过问卷调查，发现相当一部分教师对自己的课堂教学管理不满意，在管理方式和管理过程中也存在着这样或那样的问题，经过分析整理，将教师因素归纳为以下三个方面：

（一）教师的专业知识和思想

教师的专业知识水平直接影响着整个教学，而课堂中问题的产生与教师的专业知识水平也有着密不可分的关系。有些教师平时不能够及时学习，无法提高自己的专业水平，以至于专业知识不扎实，在教学过程中可能出现一些不该出现的错误，又无法及时弥补，从而使学生产生质疑，无法信任教师。这样很容易使学生产生混乱，直接引起问题行为。

专业知识固然重要，专业思想也是不可或缺的。一个具有高度觉悟的教师，会不断加强自身学习，不断来提高自己的专业知识和技能，从而完善自我，使自己成为一名优秀的教师。从教师问卷调查中，可以看到，能够主动学习新思想、新知识的教师只占据少数，大部分教师可能因为繁忙的教学任务等而无法主动学习，这都将阻碍教师自身的发展，影响学生对教师的信赖，进而诱发学生出现一系列的问题行为。

（二）教师的教学方式

教学既是一项技术，又是一门艺术。好的教学方式可以使学生积极参与；而教学方式若是枯燥无味、呆板没趣，还要学生积极配合、全神贯注，这就不太现实了。教师的教学方式死板，教学的内容又枯燥无味，学生就很容易厌倦，失去学习的兴趣，不能积极主动地参与课堂教学，进而产生课堂问题行为。有些教师对于知识的处理有所欠缺，不能够将数学教学与实际生活相联系，对于数学"定义、定理、公式"的教学也不够合理；有的教师甚至直接给出定义来由学生识记或是理解。和谐都有可能引发学生的问题行为。

学生更多的是希望教师可以引导自己，由他们自主地探索学习。在数学课堂上，有些教师不能够引导学生掌握数学思想方法和应有的数学能力，这都不利于学生现在以及以后的数学学习。同样的，如果教师不能够合理地安排教学进度和教学内容，所讲授的内容速度太快或者是太慢，致使学生无法理解或者"吃不饱"，这都会使学生厌学或是走神等。有些教师方言过重、语言表达不清，学生不能够听明白；还有些教师讲课缺乏激情，精神萎靡，这都会影响到学生的情绪。超过一半的教师都是按着自己的上课方式来进行的，很少听取学生的意见，即使不太适合学生，也不怎么改动。教师也很少采用一些有效的方式来进行教学，大部分的学生都不能够自觉地参与课堂活动。当学生无法参与课堂活动中时，就会采取其他方式来填补这个空缺，进而产生课堂问题行为。

（三）教师处理课堂问题行为的态度和方式

教师处理课堂问题行为的态度和方式，对课堂教学管理的效果有着不容忽视的影响。每个学生都是平等的存在，所以，教师要公平地对待每一名同学。但是，在实际教学中，有些教师会过于关注优等生或是乖巧懂事的学生，不能够做到一视同仁，在处理同样的问题时，过于偏袒，长期以来，会产生不好的影响，引起学生的反感。还有些教师会将问题扩大化，课堂中出现一些小问题也是无可避免的，但是，部分教师会把它当成是学生对自己权威的挑衅，从而引起一些不必要的纷争和课堂矛盾。

教师要多鼓励和引导学生，尽可能地避免过于激烈的言语。据调查，采用批评惩罚的方式管理课堂的教师要多一点，运用引导鼓励和善意提醒的次之，但是仍有一部分教师对于课堂中出现的违纪问题不予理睬。当教师不能够采用恰当正确的方式来处理课堂问题时，很有可能会使处于青春期的学生产生心理阴影，进而引发更多的课堂问题行为，这不仅仅不利于他们的学习，还会对学生的健康成长起着阻碍作用。

## 三、环境因素

心理学家勒温曾指出：人的行为与所处的环境存在着一定的内在联系。课堂教学问题的产生除了学生和教师因素外，还与环境有着密切的关系。这一点从对教师和学生做的问卷调查中也可以看出。笔者将环境因素分为学校环境和社会环境，具体如下。

（一）学校环境

对于高中生来说，学校是他们学习和生活的首要场合，学校环境对学生行为的产生有着重要的影响。学校的教学理念、文化氛围、教学环境等都会影响学生的生活、学习、心理和行为。在和谐民主、有着良好校风的环境中，学生可以充分发展个性、提出自己的观点和看法，学生的不同意见也会得到肯定和鼓励，相对的不当行为就会较少。然而，在强制独断、严格苛刻的学校环境中，学生的个性不能得到充分发展，有时还会被否定和讽刺，就容易产生叛逆心理和行为，进而更容易产生一系列的问题行为。课堂内在的环境对学生的课堂行为也有着重要的影响，比如室内温度、课堂氛围、座位安排等。现在部分生源好的学校，受师资力量和学校办学条件的影响，采用大班式教学模式，每个班级的学生超过六十人，甚至可以达到八十多人，在这样的环境中，学生密度过大，更容易诱发学生产生问题行为。

（二）社会环境

现在科技迅猛发展，各种各样的信息通过媒体不断涌入人们的视线，然而，大众媒体传播的信息并不都是积极向上的，有些甚至是暴力、低俗的，这都会对高中学生产生消极影响。由于高中生的思想仍旧不够成熟，缺乏自制力，易于受不良思想和风气的影响和侵蚀，当他们得不到积极的引导时，将会妨碍他们的健康成长，这样更容易产生课堂行为问题。现在，大多学校附近都有大量的网吧，这就会导致一些自制力差的学生经常出入，严重的还会夜不归宿，通宵玩游戏、聊天、看电影等，这样不仅影响学生的正常作息，还会使部分学生沉浸于虚拟世界里无法自拔，进而产生这样或那样的课堂问题行为。受媒体的影响，部分学生还会在课堂上听音乐、玩手游、看小说等，还有的学生奇装异服。有些问题不但影响学生本人的学习，还会影响其他同学的学习和课堂教学活动的正常进行。

## 四、家庭因素

家庭就是孩子出生后的第一所学校，家庭教育、家庭结构和家庭文化等都对孩子有着深厚的影响作用，容易致使孩子形成各种各样的性格，这些都是学生课堂问题行为产生的影响条件。在父母关系不好的家庭中，父母经常会吵吵闹闹，这会影响孩子的心理健康，易于形成孤僻、自卑或者放纵不羁等性格，那么在课堂中就会退缩、不安，甚至故意找碴。单亲家庭对于孩子性格的发展多多少少会造成负面影响，爸爸妈妈离异容易致使孩子心灵受到创伤。而有些学生在家中娇生惯养，时时刻刻都以自我为关注点，玩世不恭，或者自理能力过差。有些家长过于关注自身事业的发展而忽略对孩子的教育。以上这些都与学生在课堂中的行为有着紧密的联系。大多数家长都有"望子成龙，望女成凤"的心理预期，而过高的期望会对学生心理造成压力，严重时会使学生厌烦学习，进而诱发一系列的课堂问题行为。因而，家庭因素与高中学生的课堂行为有着密不可分的关系。

# 第三节　高中数学课堂教学管理的策略

## 一、预防策略

俗话说得好："防患于未然。"最有效的课堂教学管理，便是在问题未发生时，制定预防措施，避免或者减少问题的出现。结合课堂问题的产生原因，主要应从学生、教师、环境和家庭这几个方面采取预防措施。

（一）培养学生的自我管理能力

积极高效的课堂教学管理是学生对于自己的管理。高中数学教师要充分认识到学生的自我掌控意识，为学生提供各种机会来挖掘他们的能动性，进而实现内在自制，这将是课堂教学管理最有效的方法。

不同的学生，他们的性格、意识和知识水平、理解能力等都有着显著的差别，教师要因材施教，充分考虑到学生的各项差异和心理特征，保护学生的自尊心，积极引导学生，让他们自觉乐于介入数学课堂活动中，最终实现学生的自我管理。

1.调动学生的学习动机，激发他们的学习兴趣

已有研究指出：学生的学习动机和学习欲望越强，积极性就会越高，相应的课堂问题行为就会越少。基于高中数学学科特点的特殊性，在课堂上要求学生精神高度集中，头脑时刻保持清醒，教师就要制订适应本班学生具体情况的教学设计，设置适当的教学内容和教学目标。目标过高容易使学生对数学学习丧失信心，进而产生挫败感；目标过低会致使学生厌烦，提不起学习的劲头，就会产生一些不当行为。因而教师要制定适合大多数学生的学习目标，适合学生的发展水平；教学内容的选定也要在学生的最近发展区域内，使学生"跳一跳，够得到"，这样，经历一番努力就可实现学习目标，使他们能够感受到自身的价值感和成就感，这将有利于培养学生学好数学的信心和积极性。教师也可以通过与实际问题进行联系，激发学生的学习兴趣。

在教学管理过程中，教师要经常给予思维迟缓的学生援助；对于性格内向的学生，要想方设法激发他们的积极性；对于活泼好动的学生，要注意意志力的培养。数学是一门特殊的学科，教师的教学方式多以讲授式为主。为了调动学生的学习积极性，教师要依据教学内容，采用多种教学方式相结合的方式来进行教学，逐步培养学生对所学知识的兴趣，尽量避免学生出现疲劳、厌倦、急躁不安等消极情绪，减少问题行为的发生。

2.明确课堂规范，增强学生的自我控制能力

"无规矩不成方圆"在高中数学课堂中，也少不了必要的课堂规范。由于数学课堂教学形式的多样化和复杂化，对于学生的要求也会有所不同，但是，必须让每位同学知晓在不同的场合，哪些是恰当行为，哪些又是不恰当的行为。而这些行为标准最好是在开学初由师生一块讨论制定，这就是为什么一些教师常常在第一节课上宣布课堂纪律，其实是要做到先入为主。这些课堂标准一旦制定，教师就要适时引导，不断强化巩固，使它形成课堂常规，进而规范学生

的课堂行为，使学生的注意力集中在数学课堂活动上。有了一定的课堂规范，再加上教师的不断引导，可以使学生形成良好的课堂行为习惯，逐步培养自我控制的能力，这样可以有效地减少学生问题行为的产生，从而达到预防的效果。

（二）提高数学教师的素质

教师的素质直接影响着课堂教学管理。对于高中数学教师来说，教师自身的高素质更是消除和减少学生课堂行为问题的关键。因而，教师要加强学习，不断学习新的教育教学观念，提高和改善自身教育教学的方法。

1.树立正确的教育观念，提高教学技能

思想和观念引导着一个人的行动，因而教师要不断更新教育教学思想，树立正确的教育观念。新课改提倡素质教育，但是有些学校仍旧是应试教学，把提高学校的升学率当作第一目的和最终目的。所以，教师首先要更正这一观念，不再以分数来评价学生，以自己的最大能力来促进每个学生的发展和成长。其次教师要认识到学生的主体作用，要意识到教师和学生是平等的存在，彼此之间应是和谐、平等、友好的关系。数学课堂本就是思维发散的课堂，因而教师更要鼓励引导学生敢于质疑、敢于提出问题，接受学生的不同想法，尊重学生。最后，教师还要敢于承认课堂中问题行为的存在，能够以宽容的态度来对待学生，真真正正做到关心学生、爱护学生。

学生在课堂中出现问题行为，多数是因为对学习不感兴趣，产生厌烦情绪，而这往往是由于教学枯燥和死板。基于此，教师要不断学习理论知识，提高自身的教学技能，增强教学行为，尽量以多样的形式来进行教学。

除此之外，教师还要会处理教材、加工教材，对于数学定义、公式、定理等的教学，要以不同的形式进行讲解，把知识转化为学生易于接受、乐于接受的形式；要在数学教学过程中学会适时调整教学内容、进度；要以饱满的激情来进行组织、讲授，最大可能地调动学生的积极性；同时，还要加强对学生学习方法的引导，要引导学生学会知识的迁移和建构。

经过这样的思考探究，学生就会对学习占有主动权，会积极投入数学活动中，更乐于进行学习探究。同时，高中数学的系统性比较强，各个模块之间是彼此相连又不断深化的，通过学生自己的探索改编，能加深其对数学基础知识的掌握，也利于学生数学思维能力的提升。

2.增强师德意识，建立良好的师生关系

作为一名教师，要不断增强自身的师德意识。首先要有为人师表的事业心和责任感，这样才能够促使自身不断学习、不断提升自我，促进自身的成长。其次，要发自内心地关爱学生。俗话说"严师出高徒"，但是一定要严而有度，严而有方，但是又不可一味地严格，适时放松也是不错的选择。教师不可做有辱学生人格的事情，不可体罚学生，要关心、爱护学生。

古人云："尊其师，信其道。"教师要与学生建立良好的师生关系，这样更有利于教学和减少课堂问题行为的发生。想做到这一点，就要学会与学生沟通，学会用语言、表情、行为等来传递对学生的关爱，让他们理解、信赖你，从而建立亲密的师生关系。

3.善于激励和引导学生，善于控制情绪

传统的教学中，课堂教学管理多数属于课堂控制，缺少对学生的激励引导。通过问卷调查表明，这种现象仍旧存在。然而，教师强制性的管制，往往只是取得了表面上的成效，无法从实质上解决问题，更不利于师生间良好关系的建立；严重时，会升级为师生矛盾，进而诱发一连串的问题行为。但是，若是教师能够给予学生及时恰当的表扬和鼓励，对于他们的良好表现能够认同和赞许，这将对学生产生积极影响，更利于数学课堂学习，从而减少课堂问题行为的发生。教师在教学过程中，有时会情绪化，把家庭或生活中的问题带入课堂，这是坚决不可以的。优秀的教师，善于控制自己的情绪，无论发生什么事情，一旦踏进教室，必是激情饱满、神采奕奕的，这是我们每位教师都要学习和做到的。在遇到课堂问题时，教师不可不闻不问，也不可小题大做，要沉着冷静，控制好自己的情绪，选择合适的处理方法来解决问题。

（三）优化教育教学的环境

教育教学的环境直接影响着学生的课堂行为，同时，对教学管理也有着不容忽视的影响。因而要优化教学环境，不仅包括物质环境，还包括学生的心理环境。

1.建设良好的课堂物质环境

教师教学和学生学习大多数情况都是在教室中进行的。已有研究表明：干净整洁、环境优雅的教室能够让人身心舒适、神采奕奕；杂乱无章、吵吵闹闹的教室则令人心烦意乱；合理的座位安排和教室环境布置更利于教学，同样有利于减少学生的课堂问题行为。因而要建设良好的课堂物质环境，首先，学校地理位置的选择要便于教学，要布局合理、环境清幽，要能够保证在上课期间没有施工噪音、汽车鸣笛、街市吵闹等外在因素的干扰。同时，班级环境也要安排妥当，班级人数要合理、不可过多，教学设备要齐全，环境布置要舒心，可以在教室的墙面上装饰名人名言、古诗古画、科学家或教育家画像等。其次，学生的座位安排也要合理，要摒弃以往的按高低个子排座位或者按成绩名次排座位的现象，应综合考虑学生的学习习惯、个性特征等各项因素，合理安排调整学生的座位。同时，座次间距要合适，要便于教师的教学和学生的学习。

2.营造和谐的心理氛围

融洽、安全的心理氛围更利于学生主动地参与到数学课堂活动中，要做到这点，首先要建设良好的校风、班风。这不仅仅是学生精神风貌、行为举止的重要体现，同时也是教学质量的表现。在有着优良作风的学校和班级中，学生的行为举止受到潜移默化的影响，受集体观念的影响，一些不太合适的行为也会有所改善，同学们也会为这共同的理想和目标努力，这样能有效减少不当行为的出现。其次，要建立和谐的师生关系，创建富有安全感的课堂。教师要平等地对待学生，关注他们的学习和生活，在课堂中要松弛有度，不要给学生过多的压力，形成压迫感，致使学生有话不敢说、沉默寡言或是情绪极度紧张，要积极引导学生敢于表露自己的观点、踊跃发言，不会因为担心说错或回答错误而受到惩罚。数学问题本身就是思路万千的，在这样的环境中，更利于教师和学生的思维发生碰撞，进而增强对所学内容的认识和理解。最后，教师还要对学生进行心理疏导，尤其是有课堂问题行为的同学，以此来引导、改变学生的认知，清除影响学生自身发展的障碍。

3.强化社会教育

高中学生的培养问题不仅仅是学校和教育部门的责任，也是整个社会的责任。要减少社会对学生课堂问题行为产生的影响，首先要加强社会文化市场的建设和管理，对于网络信息进行筛查和净化，尽可能地消除或减少电视、电影、图书、互联网等大众媒体对高中学生的负面影响，要多传播积极向上的思想，激励引导学生。其次，要加强整个社会的精神文明建设，优化外部氛围，力争给学生创建一个美好的、适合他们健康成长的环境，增强他们抵制不良影响的能力。

（四）增强家校沟通，形成教育合力

作为孩子的首任教师，父母的言谈、行为举止对孩子有着举足轻重的影响。所以，学生课堂问题行为的出现，家长也有着不可推卸的责任。要消除或减少这些问题行为，家长要与学校及时沟通，形成教育合力。要做到这一点，首先，家长要密切配合学校和班级的教育方针和举措，及时与教师沟通，了解学生的学习情况，尽一切可能和孩子建立亲密的关系，要对他们爱而有度。其次，教师也要与家长及时沟通，帮助家长形成正确的教育观念，并利用所学的专业知识，给家长传导正确的教育方式，使家长与学校共同教育。最后，教师要给予情况特殊的学生更多的关怀和爱，多与他们沟通，及时发现一些问题的苗头，及时引导他们，预防更严重的问题产生。

## 二、激发策略

所谓的激发策略就是教师在教学过程中巧妙地运用各种方法来激发学生，促使他们高效自主学习的教学手段。激发策略的运用对于推进教学改革，提高高中数学课堂教学管理有着举足轻重的作用。

（一）善于表扬鼓励学生

在高中数学课堂教学中，教师要对学生积极良好的表现给予及时的表扬鼓励，可以是一个鼓励的眼神，一句简单的话语，或是一个细微的动作。表扬不仅要及时准确，还要真心诚意、客观具体、恰当适度，同时还要灵活多样。

对学生恰当的表扬鼓励可以收到意想不到的效果，不仅可以加强学生学好数学的信念，还能增强学生的上进心，提高他们的学习激情。这样不仅能够减少学生不当行为的产生，还有利于教师的教学管理。

（二）强化情感因素

古人云："亲其师，信其道，学其理。"这就是在告知后人，要重视情感教学，强化情感因素。教师要关爱学生，与学生建立良好的师生关系。唯有如此，教师才能够博得学生的信任，学生才能真正地"亲其师"，从而"信其道，学其理"。这样，教学才能够收到良好的效果。在教学中，经常会出现这样的情况：当学生喜欢、信赖你时，他就会喜欢你教的学科，喜欢你在课堂中讲授的知识和道理，在课堂中就会精神抖擞，积极主动地参与到教学活动中，积极地配合教师的教学。即使有同学出现一些不该有的课堂行为，他们也会帮助阻止，维护教师，始终站在教师的一边。相反的，若是他们厌烦哪个教师，就很有可能在课堂中出现一系列的课堂问题行为，严重时还会影响正常的课堂教学，甚至顶撞教师。

在数学教学过程中，教师也要会对数学知识进行情感加工，善于运用聪明才智，调动学生的学习情感，创设优良的情感氛围，使他们能够积极愉悦地参与教学活动，从而达到良好的教学效果。比如，在讲坐标系时，教师可以把笛卡尔通过观察天花板上面苍蝇爬行的轨迹进而产生了解析几何中的坐标思想这段数学史穿插进来，不仅可以调动学生学习的兴趣，让学生知道几何与代数的有机结合源于坐标系，还可以让学生认识到数学就是从实际生活中来的。又如，在讲双曲线的渐近线时，教师可以以《悲伤的双曲线》（歌词大意为双曲线与渐近线无限接近却又永不相交）这首歌引入，旋律一起，学生必定是激动兴奋的，这样学生在学习时就会更加专注，还会加深对渐近线的理解。

（三）创设良性的竞争氛围

教师应在课堂中创设良性的竞争氛围。教学实践也曾证明，数学教师在教学中建立良性的竞争氛围，能够促进学生的创新情感，同时，这也是培养学生独立思索问题、解决问题的重要途径。一般情况下，大部分人在竞争中会激发好胜心，而在课堂中，会激发学生的灵感，使得他们比平时的表现要好很多，同时使得课堂活动更加具有趣味性和挑战性。比如，在习题课时，教师可以提前设计好练习题目，学生按层次或者按照座位分组，教师给出题目，由学生抢答，回答正确时加分，回答错误时相应地扣掉一些分数。这样整个教学就像是一场比赛，学生会更加活跃，思维会更敏捷，学习热情更加高涨，学习效率自然也是不错的。

高中数学教师在教学过程中要注意，要创设良性的竞争环境，可以设计多样的数学竞赛活动，让每一位同学都能体会到成功的快乐，享受学习的乐趣。教师要明白，这样做的目的是调动学生的学习热情，提高学习效率，因而，教师在数学活动过程中，要及时恰当地鼓励学生，肯定他们的努力和主动性。教师要想方设法适时地创设良性的竞争氛围来引导激励学生，让学生乐于学习数学，这将大大提高课堂教学的效果。

（四）讲究教学的艺术

高中数学课堂教学是一项复杂的活动，但它却具有艺术特征。教学的艺术就是教师对已有知识进行加工创造，以其独特的方式来进行教学，让学生能够积极、主动地学习数学，同时感受到数学和教学的美。教师讲究教学的艺术不仅可以激发学生的学习兴趣，还可以使数学教学收到良好的效果。

在课堂教学中，教学艺术体现在各个方面。教师应恰当地选择教学手段，巧妙地组织教学，及时捕捉教学过程中各个因素的变化，并及时处理。比如巧妙地利用一些突发事件，或是学生感兴趣的话题，或是当时的热点问题创设情境，引导学生深入学习，同时将不利于教学的因素巧妙地转化为有利因素，从而收到意想不到的效果。又如，下午第一节课，学生往往会精神萎靡，这时教师就可以在课前出几个数学谜语，如待命冲锋（等号）、五四三二一（倒数）、一笔债务（负数）等，一方面可以唤醒学生，另一方面可以让学生体会到数学有趣的一面。当然，教师还要适时终止小游戏，进入正轨的教学流程。

数学内容具有高度抽象性，这就要求教师要有严密的逻辑思维，然而仅仅如此是不够的，教师要善于运用形象化的语言、方法和手段，将一些复杂抽象的定理、公式、概念等以一种简单明了的形式展现出来，同时可以借助于多媒体手段辅助教学，这样更利于学生了解和掌握数学知识。教学的艺术还表现在板书设计、教学手段的选择、知识的讲解、语言的简洁明快以及教师的行为举止等。艺术性的教学可以激发学生的兴趣，消除他们的学习疲劳，使学生大脑和精神处于亢奋状态，从而达到高效学习，提高课堂教学的成效。

# 第二章　高中数学课堂有效教学探索

## 第一节　课堂教学有效性的概念界定

### 一、课堂教学有效性的概念界定

（一）教学有效性的相关概念

课堂有效性教学，对于老师来说，需要把过程的每一个环节都设计好。首先是对本节课的目标要有一个清晰的认识，在上课的时候要能够带动学生一起思考，让学生随着你的思路往前走，这就需要老师有一个好的情境导入；然后带着问题小组合作探究，一步一步锻炼自己的能力，并且老师和学生都会有很大收获，一节课 40 分钟中，要能够保证 85% 的学生有 35 分钟时间都在认真听讲。对于学生来说，应该与自身纵向去比较，只要这一次比上一次好，比上一次听课坚持的时间长，回答问题多了一个，上课多学了一个公式，那么这就是很大的进步。每一个学生都在进步，那么整个班级的水平就提高了。

提升数学素养是每一个祖国"花朵"要去做的，以便在未来的风雨中不被刮倒。所谓"数学素养"，一是必要的"雨水"和"空间"，即数学基础知识和基本技能；二是想象、抽象概括和推理论证等基本能力；三是分析和解答问题的能力；四是理解数学的含义以及体会其所包含的数学思想的能力；五是学习数学的兴趣；六是一定的数学视野。课堂教学就是指在上课的 40 分钟内，教师与学生在教室中通过言语的传达获取知识、交流知识的活动。目前学校教学的主要形式是教室讲课，研究也是为了实现课堂上的有效教学。

（二）对课堂教学有效性的理解

保证课堂教学的有效性，就要认真完成"学习四部曲"——预习、听讲、做题、复习。从教学目标来说，教师必须明确"学生为主体"的新课程教学理念，通过备课明确课堂教学的三维目标，充分体现学习者的主体性。从课堂教学活动来说，教师应该做到情景设置与教学目标相吻合，课堂活动目标与学生的学习内容一致，使学生能够融入课堂，发挥学生学习的主动性，能够在老师的引导下继续"再创造"；使得学生在学习的过程中养成独立思考、积极探索新知识的习惯；提高学生的空间想象能力、抽象能力、推理论证等基本能力；提高学生提出、分析和解决数学问题的能力；发展学生的数学应用意识和创新意识。从课堂教学能力来说，教师的语言表达必须清楚明了、幽默、有感染力，且能熟练运用现代教育技术。从课堂教学反馈来说，教师应该及时提供反馈，与家长沟通交流学生的情况，跟家长定期发送学生情况反馈，使得学生的问题能够及时反馈给家长。从课堂管理方式上来说，教师应该创建一种有秩序、健康、温馨的课堂学习环境，使学生可以集中注意力听讲，能够高效利用课余时间；老师应该多鼓励学生，提升学生的自信心，使得课堂教学的氛围积极向上。

数学是一门科学，是一门有思维、逻辑性很强的科目，因此对数学的学习一定要有耐心和信心。第一，学生要学会思考，要掌握思考的思维路线，要在脑子里建立自己的知识体系，要对每一个数学概念、定理、方法分析透彻，要自己能够串起来问题的前因后果，要多在心里想"为什么"。第二，数学中有很多数学符号，在数学的世界里，符号就是我们的语言，我们要学会用这种语言。这就需要老师在讲解每一个数学符号时能够把语速放慢，而且解释清楚这个符号所蕴含的意义和它的作用，可以通过图标语言加强学生对符号的理解。第三，课堂教学的有效性不仅仅是老师达到教学目标，学生把老师所讲述的知识都学会，这些都只是第一层面的理解与掌握。笔者认为，一节课真正的有效性，对老师来说应该是通过知识的传递，通过老师这个管道，向同学输送更多的正能量，通过学习数学的概念、定理方法等，能够更深一层理解其背后的数学思想以及数学精神，更是一种数学文化；对学生来说，课堂的有效性不应该把目光聚焦在这一节课上，不能因为数学上的难题，就把数学一棒子打死，而要理性地看待数学，并能通过学习数学，锻炼自己坚持不懈的精神。

## 二、课堂教学语言的概念界定

教学语言是教师在教学过程中，针对预定的教学对象，根据课本，采纳有用的方式，指导学习者在学习知识、提升品质的教学活动中使用的语言。因此，教学语言是很重要的一种语言，它不仅是与人交流的代码，还是向学生输送有用信息的一个管道。借着这个管道，学生就可以明白课本上的专业术语，他们理解之后可以用自己的话语来表达教学语言在高中数学教学中具有举足轻重的地位。高中数学教学语言是指教师在组织教育教学工作时与学生传达教学信息、沟通感情所使用的语言。

## 三、数学课堂教学有效性的标准

有效性是在课堂讲习过程中教师与学生共同作用的结果，离不开老师的教，也离不开学生的学。

（一）对目标有效性的评价标准

教师教的有效性：老师要确定教学目标，要通过教学使学生掌握基础知识和基本技能，向学生传递数学有用论，使学生养成在生活中累积数学实践经验的习惯。

学生学的有效性：每个学生要在心里有一个"小箩筐"，知识就是"小萝卜"，每节课的任务就是往自己的"小箩筐"里放"小萝卜"，这样就需要学生获得必要的学术知识和技能，达到这样的要求之后，可以一步一步地增大"箩筐"，也在这个过程中体会数学思想、领悟数学精神。

（二）对过程设计有效性的评价标准

教师教的有效性：进入教室的那一刻起，课堂活动就开始了，老师一般要先对上节课学过的内容进行复习，并适时提出问题，然后由问题激起学生内心深处的求知欲望，当学生已有的知识结构解决不了问题时，就引入新的内容。当学生的脑海里有新的知识体系之后，教师可通过具有代表性的例题，使学生能够在脑海里留下印记。最后教师一定要给学生进行知识版图的描绘，使学生能系统地掌握知识。

学生学的有效性：能够与老师"共进退"，能够跟上老师的思维，一节课40分钟的时间，可以至少有35分钟跟着老师的思路走，不跑神；课本上的大部分习题可以独立完成。

（三）对内容有效性的评价标准

教师教的有效性：教师要能根据学生的现实情况备课，能够把抽象的知识与学生的生活经验、现实相关联；精心准备例题，例题要具有典范性、针对性、开导性，要从易到难、层层递进；教学内容的难易、容量的大小都要适合学生们的"饭量"，要让学生能够在知识的海洋中"吃得饱""游得欢"。

学生学的有效性：通过老师对学习内容的讲解，学生要能够用专用话语表述所学内容；可以在类似的题目中发现共同的思路；可用画图的方式传达所要描写的画面，品味几何和代数一家的思想。

（四）对语言表达有效性的评价标准

教师教的有效性：教师通过对语言的表达，使得80%的学生能理解和记住所要学习的概念、定理，能够比较精确地解释数学定理、性质、概念，比较精准地使用数学用语。

学生学的有效性：学生通过听这一节课，能够看懂题目要表达的意思，能够对数学有信心，大部分学生能做到读、听、写、记。学生的积极主动性强，专注力集中，学习状态比较好，回答问题积极。

（五）对手段有效性的评价标准

教师教的有效性：随着时代的发展，教师要根据教学内容特征、学生认知特点选择合适的情景导入，运用 PPT 呈现出来，给学生一种惊喜和震撼；教师还要能够熟练运用信息技巧与常规讲习形式，发挥各自专长，大大提高上课的效率。

学生学的有效性：学生通过观看现代科学技术所展现出来的生动画面，在心里种下一颗科学的种子；同时学生通过新颖的授课方式更容易接受数学的专业术语。

（六）对课堂教学管理方式有效性的评价标准

教师教的有效性：通过师生的共同努力，创造出一个温馨、公平、平等的学习环境，尽可能发挥学生的学习主动性，在学习方式与讲习内容、学生认知特点、讲习目标相契合的程度下，更快地接受学生为主的教学理念。

学生学的有效性：学生可以在一个比较舒适、宽松的环境中专心地学习，不受外界吵闹环境的干扰，学生每节课 40 分钟能够安静地学习 35 分钟，其中包括认真听讲的时间、思考的时间、操练的时间、讨论的时间等。师生、生生之间无障碍交流，学生的学习爱好和热情被引发出来。

总而言之，教师的教、学生的学和学习的环境息息相关。学生是课堂的主体，学好数学没有花里胡哨的方法，需要学生做好预习、上课认真听讲、认真完成老师布置的作业、课下总结，一个环节都不能少；老师要把学生的预习内容具体化和书面化，提高自身的教育理论素质，提高自身的课堂教学能力。另外，教师还要从学生的角度出发关注他们的学习状态以及人格特征的培养；从教师的角度出发研究教师的教与哪些因素有关，如课堂教学过程中与学生的相互交流、课堂有效提问等。当然，教学的有效性与学习环境也有一定的关系，在教学过程中教师要有意识地创造有利于学生学习的教学环境，在家庭中父母也要为学生营建一个适合学生成长和学习的温馨场景。总之，老师、学生、家长、学校等各方面需要共同努力，为学生的全面发展创造条件。

# 第二节　高中数学课堂教学有效性提升的策略

## 一、创设有效的问题情境

恰当地创设情境是一节课的良好开端，这是教学过程中很重要的一个环节，也是每一位老师上好一节课首先应该面对的问题。好的问题情境能够使学生明确本节课的目标，能够使学生有探求新知识的欲望，也能让学生迅速进入学习状态，为新课程的传授打下一定的基础。

（一）问题要有现实性——构建真实的问题情境

数学来源于现实生活，又高于生活，那么在设计问题时一定要结合实际的生活场景，不要因为引入一个数学问题使学生怀疑生活的美好。

例：某 A 楼共 20 层，有 19 人在第一层上了电梯，他们分别去第 2~20 层，每层一人，而电梯只停一次，只能使一人比较合意，其余 18 人都要步行，若行人每向下走一层的负面情绪+1，上楼人负面情绪之和为 S，为使 S 最小，电梯应停在几层？

该问题以生活中常见的"坐电梯"为背景，想突出数学中数列求和知识和函数值的一个综合问题，但是忽略了电梯本来就是方便人们上下楼而设置的，不可能一直停在一层楼。这种题目就与生活有很大不符，只是为了数学而编造问题，会让学生觉得数学讨厌。以生活为背景是想让学生体验到数学与生活套在一起紧密相关，感受数学的奇特魅力，从而提高学生的兴趣，而不能 rag 学生讨厌数学。

（二）问题要有思考性——为学生提供适当的思考空间

例：观察星球的轨迹，我们不难发现这些星球的轨迹是椭圆的，那么椭圆的定义是什么呢？如何画出一个椭圆呢？

老师可以提示：圆的定义是什么？圆的图像是怎么画出来的？学生回答。

老师接着问：有没有另外办法画出一个圆呢？可以用我们身边的纸板、细绳、图钉。

学生回答：可以。

老师追问：把钉子固牢在两个固定的点上，得到什么样的形状呢？

学生们思考之后，会比较好奇，动手画出来之后惊喜地发现结果是椭圆。

学生们经过思考之后，以及亲自动手之后会理解得更透彻。

老师提出的每一个问题，都应该是经过深思熟虑的，要让学生有足够的独立思考的空间。

（三）问题要有针对性——紧扣有关的数学学习内容

对于数学来说，问题就是数学的核心，但是问题一定要有针对性，要紧扣相关的数学内容，不能跑偏了，研究任何问题都要有针对性，才能对症下药，才能切入重点。

（四）问题要有挑战性——让学生的思维经受来自问题的挑战

以商场促销活动为背景，会让学生觉得很亲切；购买物品抽奖也是很常见的事情。但是里面蕴含着哪些数学问题呢？每一个人获奖的概率有多大呢？这是学生们比较关注的一个问题，也是具有挑战性的一个问题。

例：小 A 和小 B 去商场逛街，正好遇到了买够 38 元有一次抽奖机会，每次抽奖都是从装有 8 个紫环、12 个黑环的甲筐和装有 10 个紫环、10 个黑环的乙筐中，各随机摸出 2 个环。在摸出的 4 个环中，若都是紫环，则获一等奖；若只有 2 个紫环，则获二等奖；如果没有抽到紫环，则不给奖品。求顾客抽奖 1 次能获奖的概率。通过问题的解答，让学生对数学产生一种敬畏感，也让学生的思维受到了挑战。多些刺激，多些挑战，对学生来说未尝不是一件好事。

（五）问题要有趣味性——将问题置于生动有趣的情境中

创设情境是为了学生的学习，希望通过一些有趣的情境激起学生的求知欲和热情，使得学生在问题中积极思考，也能够让他们重新经历知识的发生过程，也落实了核心素养的要求。通过国王赏赐臣子麦子奖励的例子，学生会觉得很有趣，数学不是冷冰冰的公式，还有一些乐趣在其中。当学生沉浸其中时，老师会问学生两个问题：第一，如何摆放这个麦粒？第二，按照上述要求。国王能否满足臣子呢？

这个时候学生就会思考，难道国王不能满足他的要求吗？当学生开始反问的时候，说明他们在思考这个问题，那么这个时候老师继续引入新课，就会大大提升课堂的效率。

## 二、组织有效的探究活动

探究是对新知识的一种认识的过程,当学生已有的知识及经验不足以解决新的问题时,学生为了解决这种疑问,就会不断地思考解决的问题途径。让学生自己有解决问题的意识和探究的意识,这个时候学生才会真正地动脑思考,他们会想尽一切办法来解决现在遇到的问题,就会在脑子里建构新的知识网络。

下面以探索"线面垂直的判定定理"为例。

(一)创设良好的探究情境

为了一开始就抓住学生的心,在上课的开始就要给学生来点"开胃小菜"。一个好的情境导入可以使学生的思路跟着教师走,让学生去体验获取新知的乐趣和探究的欲望。在本节课的开始,教师先吊起学生的胃口,在 PPT 上放了一张图片,也就是日晷图。看到这样一个图片学生们都会有疑问:这是什么呢?它有什么作用呢?

然后老师向学生描述它的用处。当学生在感叹它的作用的时候,老师提出一个问题:如何确定它们垂直呢?

这个时候学生们心里都在思考这个问题,并在想:它们是否垂直呢?老师这个时候说明今天要讲的内容就是证明他们垂直。好的探究情境可以使学生带着问题听课。心里有目标,思维才会活跃。

(二)灵活采用探究的形式

通过前面的情境导入,学生都会思考图片上它们之间是否有垂直关系,这个时候老师要把学生内向的情境转化为一个需要学生开动大脑考虑的问题,即这个时候学生心里知道方向了,先让他们自主探究思考,用他们所学的内容以及生活中的现象,去大胆地猜测。这个时候不难找出例子,学生拿出一个笔和一张纸,让笔和纸的一条边垂直,发现和这张纸并不垂直。

然后让学生继续发散思维,动脑思考:为什么呢?同时督促并赞扬学生给出思考的痕迹。

为了让学生感知线面垂直的过程,教师可提供三角形、矩形纸卡和平面镜,让学生分小组合作探究。学生们想到可以动手亲自去检验，都会兴致盎然：那么折叠会出现哪些情况呢？

出现这两种情况之后，请继续思考：如何判断折痕与桌面垂直？想想给的东西里面，还有一个没有用，那就是平面镜了。那么，能否运用物理知识解释呢？这个时候学生会想到平面镜的用处了。

学生们通过动手自主探究之后可以得到：当折叠的痕迹垂直于底面，那么折印垂直于桌面。得到数学结论：直线与平面垂直的判定定理。

（三）热情地参与学生的探究

当学生在探究的过程中，很想跟老师分享自己所得到的信息，以及想得到老师的肯定时，老师要与学生们亲切地交流，加入探究的过程中，加入每一个喜悦的瞬间。

尤其是小组探究的时候，有些小组一定会遇到问题，如不知道怎么折叠，或不知道平面镜的作用，老师要在班级巡查，认真观察每一个小组的成果和过程，并且指出他们的错误。当老师与学生都参与到探究过程中时，学生对老师的看法也会慢慢地改变。平常老师与学生的接触机会就少，因此，教师一定要把握好参与学生探究的每一个机会，使学生对数学有一个不一样的感观。

（四）促进学生在探究中的互动与交流

互动具有生成性，能够帮助学生去理解和思考，能够使学生的思维得到一定的升华，使学生达到课标的要求，掌握基本的知识与技能，在教学互动的过程中体会数学的常用方法以及数学带给人思维的转变，体会数学带给他们的情感的满足，真正地从心里感觉到数学的奇特魅力。

课堂的有效性不能仅靠老师一个人"唱独角戏"，需要学生与老师都参与其中，有问有答，有思考有交流，学生的思维才会发散，才会有创新的想法。我们要放飞学生们心中的梦想，让他们大胆地猜测，勇敢地说出自己的想法。这就需要一个师生互相尊重、互相帮助、公平公正的和谐氛围，让老师和学生一同进步。

交流、互动，有利于教师更好地去留意和理解学生，以便于为下面所讲的内容做铺垫，哪里应该精讲，哪里可以粗略地讲，教师心里会比较有谱，就能更好地提高课堂效率。

（五）包容与欣赏学生探究的过程和结果

在与学生交流互动的过程中，教师一定会发现每一个学生都有他独特的闪光点，例如小组活动时，有些学生在做实验时比较专注，不受外面的影响，认真做自己的事情；有的学生在互相交流自己的看法与见解，当有同学不懂的时候，其他同学会愿意重新给这位不太懂的同学讲一遍等。这个时候，老师就不能吝啬自己的夸奖，要懂得欣赏每一位学生所付出的努力。

## 三、建立有效的合作方式

合作交流学习是学生在小组中通过讨论、交流，个人与个人、个人与群体之间相互配合的一种学习方式。数学课堂的合作交流学习的方式主要是为了解决思维空间比较大的问题，学生单凭自己的一己之力不能够解决这个问题，则小组之间可以以合作的方式在一起相互帮助，相互讨论，大家一起通过交流想出一个比较合适的解决问题的思路，使每一个小组成员都能有所收获。

合作交流学习是以小组为单位，一个班级如果40个人，那么可分为8个小组，每个小组5个人，每个小组成员的学习程度应该是每个层次都包含的，不放弃每一个学生。其中一个同学为组长，小组长负责管理这个小组，分配任务并且调节小组的气氛。例如在小组合作探究线面垂直的判定时，五个人一定要分好工，每一个学生都要折叠，亲自动手操作并观察有几种情况。有一个学习成绩稍微好点的同学在旁边指导，解说每一步的原理；一个同学要准备好材料，平面镜和三角形、矩形纸片；另一个同学认真观察每一步，并且记下每一步的原理和过程。通过合作的方式达到"1+1>2"的效果，也让不同梯度的学生都能够参与课堂活动中。

## 四、捕捉有效的语言艺术

语言是人类最重要的交际工具。在数学教学当中，语言是教师传授知识的一种工具，这种工具就好像战士出去打仗要有枪是一样的，对于战士来说枪肯定是越先进越好，对于老师来说语言的艺术就显得很重要。而数学与其他学科相比，有着同样重要的科学性，但与其他学科又有区别。我们更强调数学课堂的逻辑性与思维的形成。因此对数学这门科目来说，教学话语的表达显得尤为重要。

（一）数学课堂教学中的口头语言

1.课堂语言的规范性

教师不仅通过教学活动给学生讲授知识，而且在平常的话语以及处理事情的方式上影响着学生，因此老师要注意语言的正规性。

每个国家的语言因民族不同、地域不同而差异较大。在教学中，我国现除少数民族地区外，各地区已经积极采用和推广规范化普通话，这样可以避免教学语言出现不同地区的方言。不同的老师来自不同的地方，他们说话的习惯都不一样，如果使用方言教学学生就会模仿老师的腔调，就会出现很多不该有的情况。但并不是不让用方言，偶尔一句方言反而能引起学生的注意力，有时用一些方言解释数学言语更容易使学生理解。老师们要尽量规范自己的语言，这样学生学起来不会很累，也不会给学生造成心理上的波动。

除了语音、语法和逻辑方面的要求外，教师的课堂语言还必须做到"言之有物""辞达""精约"。"物"是指数学教学的具体内容，例如，教师在讲函数的概念时，由于函数的概念比较抽象，那么老师就要讲清楚函数的意思，可以由我们生活中常见的例子引入，通过例子把比较抽象的难以理解的概念转变为容易理解的话语表达出来。

2.课堂语言的科学性

由于数学学科的科学性比较强，对于语言的表述性要求也就比较高。如果数学言语不精确、不科学，那么教书质量就不能保证，因此要重视数学语言的科学性，尤其是在讲一些定义、概念、定理、典型例题时，都要着重注意语言的科学性。

对于英文单词来说，每个单词都是唯一的，一个字母错了，那么这个单词也就拼错了。然而对于数学来说，概念、定义、公理等的语言表达需要有很强的科学性，不能有一丝的马虎和轻视。只有清晰、准确、合乎逻辑的语言，才是科学的。教师要在话语层面多下功夫，要经过反复琢磨、推敲，防止话语不顺；在一些概念的表述上不要拖泥带水，要避免口头禅，比如"对吧""是吧""啊"等。

3.课堂语言的幽默性

教师的课堂语言不但要规范，而且还要形象。教师要将不容易懂的数学语言化为具体的、能描述出来的话语，那么枯燥的课堂也会变得活泼起来。大家都以小孩子的心性单纯地学习，那么课堂就会变得多彩。教师在课堂教学过程中，要发挥灵活、变通的机智，运用修辞，使课堂语言丰富、形象起来，使课堂教学语言更切合学生生活的实际，使死板的数学课堂鲜活明亮起来。

教师形象幽默的课堂语言的形成并非一朝一夕之事。作为一名教师，不仅是知识的传授者，同时也是接受吸收者，在教学过程中也应当储备自己的知识量，学习更多新的知识，增加自身的知识涵养，这样才能更好地把知识化为生动、丰富的语言传授给学生，让他们更易于接受、乐于学习。

## 五、运用有效的课堂评价

教师正确的课堂评价会引起学生心灵的撼动，带动学生学习的动力。对于学生来说，教师的评价对他们很重要，所以教师应在课堂上进行有效正确的课堂评价。

那么，一般老师会在哪些教学环节进行教学评价呢？刚上课时，教师会对昨天所学内容进行复习巩固，为了检验学生们昨天知识掌握的情况，会对学生有一个小提问。比如，在讲线和面垂直的判定定理时，会对线面平行以及面面平行回顾一下，当提问到班里一名同学时，他支支吾吾说不出来，那老师就明白了，他应该是课下没有好好复习，这个时候老师不能着急，而应该慢慢引导学生回忆线面平行的判定，并且借这次机会向全班学生强调课下复习也是很重要的，学过的知识一定要不断温习巩固才能牢记；接着提问另外一名学生，这名学生回答得十分流利，数学语言运用得也很准确，这个时候老师要运用表扬的语言评价这位学生，并且鼓励他继续保持，学生受到鼓励后，会更加积极地加入课堂活动。

在教学过程中，教师也应对学生进行评价，如当学生的状态比较好，上课表现也很好时，老师会夸奖学生：今天大家的表现都很好，这种劲头要一直保持，咱知道滴水穿石并非因为滴水的力量，而是因为功夫深，功夫一定要下在平时，上课一定要多动手、多开动大脑思考，培养一个好的学习习惯；学习是一场赛跑，每位同学都要拼尽全力，为了自己的梦想努力划上一笔。教师的评价要以理解学生并且敬重学生为前提，要守护他们的自尊心。有效的评价能营造课堂教学的激励氛围，激励学生不断进步。

## 六、采取有效的课堂管理方式

课堂环境对于讲习效能、学生学业表现有重要的价值，它是课堂管束的重要一项。课堂环境的有序的状态离不开好的管理方法，那么如何管理课堂秩序呢？课堂秩序的维系需要每一个同学共同建造。我们可以分小组来管理或分块管理，根据人数把学生分成小组，前后左右为一组。一般情况下我们是小班教学制，一个班级36名同学，这样的话人数不太多，有助于管理，同时也可以尽可能照顾到全部学生。比如，一个班级36个人，那么6个人一个小组是比较合适的。分小组的过程中要注意梯度管理，要照顾到每一个学生的想法以及学习程度，让每一个学生都能放下包袱地去成长，去感受世界带给他们的震撼。

好的班级管理方式能够让每一个学生找准自己的位置，并且根据自己的真实情况来发挥自己的专长，使学生能根据个人的兴趣、经验、需要以及任务要求等来选择、获取、整合信息，生成和创造出新的信息。教师在开展教学的过程中，要把学生所要学习的内容和外界环境结合起来，让他们有自由选择的机会，让教学内容和材料更容易被学生理解和接纳。

# 第三章 高中数学课堂教学方法的选择和应用

## 第一节 选择合理教学方法的意义

教学方法如何选择和优化是本书将要论述的主要课题，但这之前我们必须先明晰一个问题——选择教学方法的意义何在？下面从宏观层面来解读。

### 一、时代发展的需要

在科技革命时代，无论学校能够给学生多少知识，青年人从学校毕业后，"仍将不可避免地遇到他所不熟悉的科学发明和新技术。只有具备相应的智慧、意志和情感品质的人，才能迅速地辨明方向和掌握他不熟悉的资料"。当前，我国把"努力办好人民满意的教育"作为"在改善民生和创新管理中加强社会建设"的诸多问题中的首要问题，体现了我国对教育事业的高度重视和对教育理想的热情呼唤，同时也充分说明当前教育面临的最大的机遇与挑战：教育是民族振兴和社会进步的基石，国家需要创新，创新需要人才，人才需要教育去培养，而培养的效果很大程度上要依赖科学的教学方法。任何僵化的、削足适履式的教学方法是不可能培养出创新人才的，正如夸美纽斯所说："以致学校变成了儿童恐怖的场所，变成了他们才智的屠宰场……"

虽然我们是基层最普通的教育工作者，但"天下兴亡，匹夫有责"，我们一定要把高远的目标追求与踏实的本职工作相结合，追求更高的境界、更远的目标，并在追求的过程中努力提升自己、带动同行、服务学生。在这样的认识高度下，我们首先要热爱教育事业、热爱学生、勤于探索、乐于奉献，努力贯彻党的教育方针，全面落实素质教育，用一颗真诚的心来发展好每一个学生，用一颗智慧的心来做好每一项工作。而这一切都有赖于我们每一个教育工作者必须积极地更新教育理念、改革教学方法，正如《基础教育课程改革纲要》所指出的："教师要转变学生的学习方式，通过教学内容、形式、手段、方法培养学生搜集和处理信息的能力、获取新知识的能力、分析和解决问题的能力，以及交流与合作的能力。"

## 二、教育改革的需要

教育部于 2001 年 6 月印发了《基础教育课程改革纲要（试行）》，当年秋季在全国施行新的基础教育课程体系。不同学科的新《课程标准》取代原有的《教学大纲》，不同版本的学科实验教材也相继进入实验阶段。各级教育行政部门的领导、广大教育科研工作者、一线教师均以满腔的热情投身到这一基础教育领域的深刻变革中。在这场史无前例的变革中，新的教育理念、新的教材体系、新的教学方法、新的评价体系均不同程度地冲击着传统观念。直面变革，我们应该树立这样的教育观："要保证教育的连续性以防止知识过时；使教育计划和方法适应每个社会的具体要求和创新目标；在各个教育的阶段都要努力培养新人，使之能适应充满进步、变化和改革的生活；大规模调动和利用各种训练手段和信息；在各种形式的行动和教育的目标之间建立密切的联系。"

随着教育改革的不断深入，人们更加关注课堂，特别是课堂教学的效率。如何转变教与学的方式，提高课堂教学的有效性？如何落实"以学定教"的课堂教学观，真正确立学生的课堂主体地位？这些问题已成为教育工作者关注的焦点。有效教学、高效课堂成为教师们的一种追求。

## 三、教师专业发展的需要

对繁花似锦的教学方法（模式），美国学者理查德·阿兰兹认为："要求一个教师掌握所有这些模式是不现实的——这是需要用一生来掌握的。要求其掌握单一的教学模式同样也是不现实的。看起来，让新教师在其职业生涯初期掌握适量的技能才是合理而又实际的。"由于社会对学校有很高的期望值，对教师就提出了更高的要求。面对新的教育理念和日新月异的教育技术，以及不断变化的学生，教师要提高教书育人的水平，要营造打动学生的课堂，关键在于教学方法的改进和优化。正如笛卡尔所说："最有价值的知识是方法的知识。"

## 四、对新课改反思的需要

新课程改革如火如荼开展，新教法、新模式、新概念层出不穷（如前几年推出的以杜郎口经验为首的"九大教学范式"，近几年流行的"微课""慕课""翻转课堂"等），一方面，广大教师在充分享受改革成果的同时，对如何选择教学策略和方法感到困惑。其实，顾泠沅先生在"青浦经验"最热的时候就明确指出："对于任何一个成功的教改实验实例，照搬其固定不变的模式并不可取。这是因为每一个有效的经验都有其自身独具的背景。"另一方面，当新课程改革渐渐走入常态后，反思新课程改革，我们发现，伴随着改变和生成，我们也有丢失和忽视，而这些往往就是教育教学规律中最实质、最本真的东西。

## 五、教学现状的需要

教育需要宁静，宁静方能致远。随着新课程改革如火如荼地开展，各种新教法、新模式、新概念、新理念层出不穷。对此，当下教育界一线教师的四种态度比较有代表性：第一，恪守传统，拒绝接受任何新思想、新方法；第二，朝秦暮楚，一味追求时尚，造成雾里看花花非花的效果；第三，执行用大一统的方式推广的某"方法"或"模式"；第四，有改变教法的愿望，但不知道如何选择合适的教学方法。

我们重点分析持第四种态度的教师。这部分教师疑惑的问题归结起来就是要解决以下一脉相承的问题：

（1）教学方法选择的依据何在？

（2）教师应该如何设计最优的教学程序，从而达到提高课堂教学效率的目的？

（3）在设计教学程序时，教师需要考虑哪些教学要素，从而最大限度地促进学生发展？

曹一鸣先生认为，一个优秀教师的成长必须经历两个阶段："从无序状态走向有序，建立模式，这是第一次提升；从有序走向自由，超越具体模式，达到'无模式化'教学是教学的最高境界，这是第二次升华。"

## 六、高中数学学科特点的需要

山东杜郎口中学的"10+35"模式风靡全国。我们认为，以杜郎口模式为代表的对新课改的探索和实践对引领和指导高中数学课堂教学确实有积极的意义。

但我们还必须清醒地看到，在课堂气氛热热闹闹、轰轰烈烈的背后，目前的中学数学教学（特别是高中）中，"老师教得很辛苦，学生学得很痛苦"的现象普遍存在。我们承认人都是有天赋的，有数学天赋或抽象思维、逻辑思维能力强的学生可能对数学学习得比较轻松，但教师不能因此而忽视对所谓的"智力迟钝"学生的关注。正如夸美纽斯所说："我们几乎找不出一块模糊的镜子模糊到了完全反映不出任何形象的地步，我们也几乎找不出一块粗糙的板子粗糙到了完全不能刻上什么东西的地步……假如教师肯充分地卖力气，任何人都是可琢磨好的。"杜郎口模式所呈现的三个特点（立体式、大容量、快节奏），主要关注的是课堂教学的外在形式，而"数学是思维的体操"（加里宁），如何挖掘数学课最本质的内涵，杜威用思维方法培养人的智慧的教学思想也许能给我们以启迪："知识与智慧的区别，是多年来存在的老问题，然而还需要不断地重新提出来。知识仅仅是已经获得并储存起来的学问，而智慧则是运用学问去指导和改善生活的各种能力。"因此，作为数学教师，在课堂预设和生成时更应该把重点放在数学学科的特征上，放在不同层次学生的能力和素质的发展上，即在关注确立学生的课堂主体地位的同时，更重视凸显数学课堂应有的"思维"的核心地位。

当下在时尚与经典博弈中的教学方法，确实给广大教师的日常教学带来了迷茫和困惑，随着教育教学改革方兴未艾，新的教育思想和教学方法层出不穷，但其本质是亘古不变的，因此抓住教育教学规律中最实质、最本真的东西，是我们教育工作者可以做到也必须做到的。

# 第二节 教学方法选择的影响因素

科学、合理地选择和有效地运用教学方法，要求教师能够在现代教学理论的指导下，熟练地把握各类教学方法的特性，能够综合地考虑影响教学方法的各种要素，合理地选择适宜的教学方法并能进行优化组合。

教师要通过对影响教学方法的要素进行分析和整合，找到主要因素，在分析整合的基础上优选教学方法。那么，哪些因素对教学方法的影响较大？或者说应根据哪些因素来选择教学方法，优化教学过程，实现高效课堂？

无论从教育教学规律的历史沿革和发展现状看，还是从我国班级授课制的教学特点看，都可以为教学方法的选择找到依据。可以初步确定教学目标、学习内容、学情（学生的知识基础、学习水平、认知特点、学习习惯、智商等）、师能（教师的个性特长、教学风格、性格、心理等）及学习环境等要素最为重要。

## 一、教学目标

关于教学目标，是广大教师倍感困惑的问题。虽然几乎所有的专家、教师在写论文、评课、作报告时都言必称"教学目标"，但在教学实践中，根据笔者在教学一线几十年的观察，很多教师对"教学目标"这个概念的认识其实是比较玄虚的，甚至有些教师认为在实际授课时，教学目标已经体现在课堂教学的内容和过程中了，所以课前认真分析没有必要。虽然标准的备课案中，"教学目标"是首要的要素，但在当前名目繁多的备课案（教案、学案、教学案、导学案等）中，会出现一些很奇怪的现象，现以"对数函数（第1课时）"为例，列举一些常见的案例。

（一）没有（未写）教学目标

很多教师在日常大量的教案中，根本不写教学目标，即使写，也是敷衍了事。为体现新课程理念，有些地方、学校还通过行政手段规定要写学案、教学案、导学案等，但"上有政策，下有对策"，如果教师对新课程理念没有发自内心的认同，必然会造成形式主义泛滥。

（二）模糊空洞的教学目标

开设公开课时，"教学目标"是必须要写的栏目，但很多老师总觉得写这些东西是一件痛苦的事情。由于要开课必须得写，只好硬着头皮写一些，这时往往显得模糊空洞。如：

1.掌握对数函数的概念、图像及性质。

2.在学习和应用对数函数性质的过程中，注重培养学生运用数学思想方法去分析、解决问题的意识和能力。

（三）大而无当的教学目标

往往体现在三维教学目标中"情感、态度与价值观"的维度。如：

1.介绍有关对数函数的数学史知识，提高学生学习数学的兴趣，树立学好数学的信心，形成锲而不舍的钻研精神和科学态度。

2.通过与指数函数类比引入对数函数的概念，让学生领悟数学概念来自实践并在实践中发展的观点，帮助学生树立辩证唯物主义和历史唯物主义的观念。

（四）残缺不全的教学目标

很多教师（特别是新教师）在平时课堂教学中，尤其是开设公开课的时候，在表述新《课程标准》中"知识与技能，过程与方法，情感、态度与价值观"三个方面的要求时会遇到麻烦。他们认为，"知识与技能"还好理解，对"过程与方法"的理解尚能差强人意，但对"情感、态度与价值观"就有些困惑了，怎样才是体现"情感、态度与价值观"呢？怎样写？写一些什么？因认识的茫然而造成教学目标的残缺。

（五）定位不准确的教学目标

例如，在三维教学目标的"知识技能"维度，很多老师设了三个分支：

1.掌握对数函数的概念、图像及性质。

2.应用对数函数性质，掌握求对数函数定义域的方法。

3.掌握三种分别比较对数、真数和底数大小的方法。

在具体教学过程中，有的老师对第二个分支（掌握求对数函数定义域的方法）进行了过度的拔高，甚至直接推进到求复合函数的定义域，明显拔苗助长；也有的老师对第三个分支（掌握三种分别比较对数、真数和底数大小的方法）似乎情有独钟，把本课的重心放在传授展示比较大小的各种各样的方法上，造成了教学目标定位的偏差。

（六）科学的教学目标

美国学者理查德·阿兰兹认为："教学目标所隐含的目的在于将教师的意图传递给学生，并帮助学生发展……通常来讲，教师可以采用折中法，既不要制定过于抽象、空洞的目标，也不必严格遵循行为目标模式。先写一个较全面的目标，然后用尽可能清晰、具体的目标加以阐述……教学目标不但要指明学习内容，也要指明认知过程。"我们列举一个比较科学的案例：

1.知识技能

①掌握对数函数的概念、图像及性质。

②应用对数函数性质，掌握求简单对数函数定义域的方法。

③掌握几种简单的比较对数大小的方法。

2.过程与方法

利用指数函数及其性质导出对数函数概念和相应的函数，在学习和应用对数函数性质的过程中，着重数学思想的渗透。

①类比和对称思想。指数函数和对数函数概念和性质的类比和对称。

②数形结合思想。通过函数图像研究函数的代数性质，以及通过函数表达式探究函数的几何性质，学习和领会图形语言与符号语言之间的相互转化。

③分类讨论思想。根据对数函数的底数大于 1 或大于 0 小于 1 的不同情况进行讨论，初步了解分类的原则，体会分类讨论的思想。

3.情感、态度与价值观

通过指数函数类比引入对数函数的概念，揭示数学类比和对称的思想，使学生感悟到数学中的对称美。让学生了解对数函数的概念来自实践，增强应用数学的意识。

总之，无论是总目标、具体目标还是课程目标，都是选定教学内容、教学方法、教学程序的主要依据，也是评价教学效果的重要依据，同时也为学生明确学习要求提供提纲挈领式的依据。但现实中，真正沉下心来认真研究、分析"教学目标"的教师凤毛麟角。

《普通高中数学课程标准教学要求》（以下简称《要求》）中明确指出了高中数学课程的总目标是：使学生在九年义务教育数学课程的基础上，进一步提高作为未来公民所必要的数学素养，以满足个人发展与社会进步的需要。

《要求》在总目标下划分了六项具体目标：

（1）获得必要的数学基础知识和基本技能，理解基本的数学概念、数学结论的本质，了解概念、结论等产生的背景、应用，体会其中所蕴含的数学思想和方法，以及它们在后续学习中的作用。通过不同形式的自主学习、探究活动，体验数学发现和创造的历程。

（2）提高空间想象、抽象概括、推理论证、运算求解、数据处理等基本能力。

（3）提高数学的提出、分析和解决问题（包括简单的实际问题）的能力，数学表达和交流的能力，发展独立获取数学知识的能力。

（4）发展数学应用意识和创新意识，力求对现实世界中蕴涵的一些数学模式进行思考和作出判断。

（5）提高学习数学的兴趣，树立学好数学的信心，形成锲而不舍的钻研精神和科学态度。

（6）具有一定的数学视野，逐步认识数学的科学价值、应用价值和文化价值，形成批判性的思维习惯，崇尚数学的理性精神，体会数学的美学意义，从而进一步树立辩证唯物主义和历史唯物主义世界观。

《要求》分模块（或专题）编写。每个模块（或专题）设有"课程目标""学习要求""教学建议"等栏目。"课程目标"主要是对模块（或专题）的知识与技能、过程与方法、情感态度与价值观等方面的总要求；"学习要求"主要是对学习内容的具体要求；"教学建议"主要体现如何实现课程目标、教学中的注意点、有关内容范围与水平的限制等方面的参考建议。

由此可见，无论从高中数学课程的总目标和具体目标来看，还是从课程目标领域不同层次教学要求的有效达成来看，都要借助于相应的教学方法和技术。但不管采用何种教学方法，都必须把教学目标定位在落实"三维教学目标"的基础上，正如著名数学家、数学教育家弗赖登塔尔所说的："就教学法而言，必须激励学生主动去学习，将数学作为一个现成的产品来教，留给学生活动的唯一机会就是所谓的应用，其实就是问题。这不可能包含真正的数学。留作问题的只是一种模仿的数学……于是学生离校时对数学留下一个不正确的印象，那就是多年的教育所造成的。"因此，教学目标对教学方法选择的影响是举足轻重的，或者说教师必须依据具体的可操作性目标来选择和确定具体的教学方法。

## 二、教学内容

一个教师日复一日、年复一年地耕耘于三尺讲台，其实他的日常工作一直围绕着两个问题，即"教什么""怎么教"。有人说"教学是一门科学，又是一门艺术"，这句话很有道理。课堂教学作为科学的特征更多地体现在"教什么"，而"教什么"与教学内容密切相关，比如一个教师今天在甲班教了什么内容，明天可以到乙班去复制，其他教师也可以去复制他教的内容，只要内容符合大纲（《教学要求》），一般来说不会有什么科学性的问题。但"怎么教"就是课堂教学艺术性方面的特征了，一个教师今天在甲班这样教，明天到乙班去就不能简单复制了，因为两个班级的学情可能大相径庭。其他教师就更不可能去复制了，因为教学风格、师能等方面可能存在着巨大的差异。因而，"怎么教"具有艺术性的属性。

"教什么"与"怎么教"之间存在着十分密切的联系，也就是教学内容与教学方法之间存在着十分密切的联系。比如，比较简单的内容可以采用"讲授法""读书指导法""自主学习法""自学辅导法""任务驱动教学法"等比较直接的教学法；比较难或比较抽象的内容可以采用"演示法""操作法""练习法""情境法""程序法""目标法""六步教学法"等教学方法来化难为易；比较重要或思维含量较高的内容需要在教学中投入"重兵"，则可更多地采用"发现法""讨论法""问题法""反馈法""尝试法""挫折教学法""单元结构法"等教学方法。所以，教学内容（教什么）对教学方法（怎么教）的影响是十分巨大的。

奥苏伯尔认为："大多数课堂学习，特别是在较年长的学生方面，都是有意义的接受学习。"他认为，学校的主要任务是向学生传授学科中明确的、稳定而又系统的知识。因此，有必要概述一下高中数学课程的主要内容。

必修系列模块 1

本模块的内容包括：集合、函数概念与基本初等函数 I（指数函数、对数函数及幂函数）。

通过集合的教学，使学生学会使用基本的集合语言描述有关的数学对象，发展学生运用数学语言进行交流的能力；使学生初步感受到运用集合语言描述数学对象时的简洁性和准确性。

通过函数概念与基本初等函数 I 的教学，使学生理解函数是描述客观世界变化规律的重要数学模型；使学生感受运用函数概念建立模型的过程和方法，体会函数在数学和其他学科中的重要性，初步学会运用函数思想理解和处理现实生活中的简单问题；培养学生的理性思维能力、辩证思维能力、分析问题和解决问题的能力、创新意识与探究能力、数学建模能力以及使用数学语言交流的能力。

必修系列模块 2

本模块的内容包括：立体几何初步、平面解析几何初步。

通过立体几何初步的教学，使学生经历直观感知、操作确认、思辨论证、度量计算等方法，认识和探索几何图形及其性质的过程；使学生直观认识和理解空间点、线、面的位置关系，能用数学语言表述有关平行、垂直的性质与判定，并对某些结论进行论证，了解一些简单几何体的表面积与体积的计算方法；培养和发展学生的空间想象能力、推理论证能力、运用图形语言进行交流的能力以及几何直观能力；使学生感受、体验从整体到局部、从具体到抽象、由浅入深、由表及里、由粗到细等认识事物的一般科学方法。

通过平面解析几何初步的教学，使学生经历在平面直角坐标系中建立直线和圆的方程的过程，学会运用代数方法研究它们的几何性质及其相互位置关系；了解空间直角坐标系；体会数形结合的思想，初步形成用代数方法解决几何问题的能力；培养学生运动变化、相互联系、相互转化的辩证唯物主义观点。

必修系列模块 3

本模块的内容包括：算法初步、统计、概率。

通过算法初步的教学，使学生在义务教育阶段初步感受算法思想的基础上，体验流程图在解决问题中的作用，了解设计流程图表达解决问题的过程；体会算法的基本思想以及算法的重要性和有效性，初步形成算法思维；发展学生有条理地思考与表达的能力，提高其逻辑思维能力，培养他们的理性精神和实践能力；通过阅读中国古代数学中的算法案例，体会我国古代数学对世界数学发展的贡献。

通过统计的教学，使学生了解抽样的操作步骤、统计分析的基本流程、变量的相关性分析、线性回归的基本方法；使学生了解用样本估计总体及其特征的思想，较为系统地经历数据收集与处理的全过程，了解统计思维与确定性思维的差异；体验统计的作用和理解统计的基本思想，感受实际生活对统计知识的需要，体会统计知识与现实世界的联系。

通过概率的教学，使学生在具体情景中了解随机事件发生的不确定性及频率的稳定性，了解概率的某些基本性质和简单的概率模型，会计算一些随机事件所含的基本事件数及事件发生的概率，能运用实验、计算器（机）模拟估计简单随机事件发生的概率；培养学生的理性思维能力和辩证思维能力，增强学生的辩证唯物主义世界观。

必修系列模块 4

本模块的内容包括：三角函数、平面向量、三角恒等变换。

通过三角函数的教学，使学生逐步理解三角函数的概念及基本性质；认识三角函数与实际生活的紧密联系；体会三角函数在解决具有周期变化规律问题中的作用。

通过平面向量的教学，使学生了解向量丰富的实际背景，理解平面向量及其运算的意义；能用向量语言和方法表述并解决数学和物理中的一些问题，发展运算能力和解决实际问题的能力。

通过三角恒等变换的教学，使学生能运用向量的方法推导基本的三角恒等变换公式，由此出发导出其他的三角恒等变换公式，并能运用这些公式进行简单的恒等变换；发展学生的推理能力和运算能力。

必修系列模块 5

本模块的内容包括：解三角形、数列、不等式。

通过解三角形的教学，使学生发现并掌握三角形中的边长与角度之间的数量关系，并能运用它们解决一些与测量和几何计算有关的实际问题；使学生认识数学与现实世界和实际生活的联系，培养和发展学生的数学应用意识。

通过数列的教学，使学生认识等差数列和等比数列这两种数列模型，掌握它们的一些基本数量关系，感受这两种数列模型的广泛应用，并能利用它们解决一些实际问题。通过揭示数列与函数的关系，加深对函数的认识。

通过不等式的教学，使学生感受到在现实世界中存在着大量的不等关系，理解不等式（组）对于刻画不等关系的意义和价值；掌握解决不等式（组）问题的基本方法，并能解决一些实际问题；使学生初步体会数学在解决优化问题中的作用，认识数学的应用价值，从而培养学生解决简单实际问题的能力，发展学生的数学应用意识。

另外，选修还有 4 个系列，每个系列设有若干章节，限于篇幅，不再一一赘述（详见《江苏省普通高中数学课程标准教学要求》）。

由此，我们可以初步达成以下五点共识：

第一，从内容的课程设置上看，不同的知识内容与学习要求不同；不同阶段、不同单元、不同课时的内容与要求也不一致，这些都要求教学方法的选择具有多样性和灵活性的特点。

第二，从内容的难度上看，更需要选择合适的、科学的教学方法，这是人所共知的事实。关键在于教师选择、驾驭的理念、态度、能力和方法，以及应变、调控的智慧、技巧和艺术等，当然反思的习惯和水平亦占一席之地。

第三，从内容的内涵分类上看，数学内容大致可分为：概念、性质、公式、公理、定理等，由内容所反映出来的数学思想、方法和技能等。因而课堂教学类型也大致可分为：概念（含公理）教学、定理（含公式）教学、解题教学、复习课教学。

第四，从内容的呈现形式上看，数学课又可大致分为：新授课、练习课、复习课、讲评课等。各种课型对教学方法的影响是巨大的，一般教师都会自觉或不自觉（模仿或模拟别人做法、根据自身经验积累）地调整、采用不同的教学方法来应对。

第五，从数学研究的方法论看，经典观点一般认为数学是一门演绎的科学。但数学家、数学教育家波利亚早就指出："数学有两个侧面，一方面它是欧几里得式的严谨科学，从这个方面看，数学像是一门系统的演绎科学。但另一方面，创造过程中的数学，看起来却像是一门试验性的归纳科学。"随着计算机技术的发展，在计算机上进行计算和模拟实验已经成为一种新的科学方法，一些数学家正在创立一种新的做数学的方法，使数学由传统的演绎科学转化为一门实验与演绎并重的科学，这个转化必然会深刻地影响教学方法的选择。

## 三、学情

从传统观念看，"教学属于教育工作者的领地，教育工作者关心的主要问题是如何把教学方法直接应用于课堂。这种以实用为重的做法有时不利于探讨学习如何受教学过程变化的影响"。"以学定教"是新课改倡导的三大核心理念之一。我们常说要"以学生为本""以学生的发展为本"，"以学定教"就是落实这一理念的具体抓手。如何做到"以学定教"？首先要研究学生，笔者所在备课组曾经做过一个《高一新生数学成绩的分化的原因和应对方法》的调研案例内容如下。

随着学习的深入，数学成绩的分化是难免的，那么一部分高一新生数学成绩落后的原因何在？学习数学有困难的新高一同学应怎样顺利度过适应期呢？

【原因一】高中数学与初中数学相比，难度提高，因此会有少部分新高一生一时无法适应。表现在上课都听得懂，作业不会做；或即使做出来，老师批改后才知道有多处错误，这种现象被戏称为"一听就懂，一看就会，一做就错"。也就是常见的，有些家长会发现孩子在初中数学考试都接近满分，怎么到了高中会考试不及格？

【应对方法】要透彻理解书本上和课堂上老师补充的内容，有时要反复思考、再三研究，要能在理解的基础上举一反三，并在勤学的基础上好问。

【原因二】初、高中不同学习阶段对数学的不同要求所致。高中考试平均分一般要求在 70 分左右。如果一个班有 50 名学生，通常会有 10 个以下不及格，90 分以上人数较少。有些同学和家长不了解这些情况，对初三时的成绩接近满分到高一开始时的不及格这个落差感到不可思议，重点中学的学生及其家长会特别有压力。

【应对方法】看学生的成绩不能仅看分数值，关键要看在班级或年级的相对位置，同时还要看学生所在学校在全市所处的位置，综合考虑就会心理平衡，不必要的负担也就随之而去。

【原因三】学习方法的不适应。高中数学与初中相比，内容多、进度快、题目难，课堂听懂，但作业却常常磕磕绊绊，是由于各科信息量都较大，如果不能有效地复习，前学后忘的现象比较严重。

【应对方法】课堂上不仅要听懂，还要把老师补充的内容适当地记下来，课后最好把所学的内容消化后再做作业，不要一边做题一边看笔记或看公式，课后还要尽可能再选择一些相关问题来练习，以便做到触类旁通。

【原因四】思想上有所放松。由于初三学习比较辛苦，到高一部分同学会有松口气的想法，因为离高考毕竟还有三年时间，尤其是初三靠拼命补课突击上来的部分同学，还指望"重温旧梦"，这是很危险的想法。如果高一基础太差，指望高三突击，实践表明多数同学会落空。部分智力较好的男生"恃才傲物"，解题只追求答案的正确性，书写不规范，造成考试时丢分严重。

【应对方法】高一的课程内容容不得懈怠，函数知识贯穿于高中数学的始终，函数思想更是解决许多问题的利器。学好函数对整个高中数学都很重要，放松不得。在高一开始时养成勤奋、刻苦的学习态度，严谨、认真的学习习惯和方法非常重要。高中数学有十几章内容，高一数学主要是函数，有些同学函数学得不怎么好，但高二立体几何、解析几何却能学得不错，因此，一定要用变化的观点对待学生。鼓励和自信是永不失效的教育法宝。

文字虽然写得简单朴素，但句句说到了学生的心坎里。奥苏伯尔说："假如让我把全部教育心理学仅仅归结为一条原理的话，那么，我将一言以蔽之：影响学习的唯一最重要的因素，就是学习者已经知道了什么，要探明这一点，并以此进行教学。"学生是教学的主体，教学质量最终体现在学生的发展变化上。所以，深入了解学生、深入研究学生是我们教学的出发点。教学如果没有考虑学生的特点，或者没有恰当地把握学生的具体情况，就难以实现教学的目标，难以实现教学的针对性，更谈不上使学生在课堂教学中取得收获和发展。

因此，按新课程改革的理念，教师在选择教学方法时，首先必须树立"新的学生观"——学生不是被人塑造和控制、被动接受知识的工具，而是有其内在价值的独特存在。英国教育理论家、数学家、哲学家怀特海说得好："教育的成就取决于对诸多可变因素的精妙的调整，因为我们是在与人的思想打交道，而不是与没有生命的物质打交道。激发学生的求知欲，提升其判断力，锻造其对复杂环境的掌控能力，使学生能够运用知识对特殊事例做出预见——所有这些能力的塑造，不是单靠几张考试科目表中所体现的几条既定规则就能传授的。"所以，要把握学情，必须认识到每一个学生既是具有独特性、自主性的存在，又是各种社会关系中的存在。学生首先是人，是需要走向生活、走向社会、走向世界、走向未来的人，即学生是"文化中的人"，学生是"生活中的人"，学生是"时代中的人"，学生是"世界背景中的人"。在课堂教学中主要体现在下面几个方面：

（1）发展性。新课程改革的核心理念是"一切为了学生的发展"。在教学中教师要用发展的观点而以发展为本的指导思想去评价学生，对学生在探究活动中的点滴进步都要给予肯定，鼓励他们不断努力。要关注学生的个别差异，制定个性化的发展目标和评价标准。

（2）主体性。学生是课堂的主人，是学习的主体，教师要充分调动学生学习的主动性和积极性，使学生及时了解自己的学习状况，调整自己的学习行为，关注自己学习水平的提高，使学习知识、发展能力、提高素养成为学生自身发展的内在需求。

（3）激励性。研究表明，学生的学习动力一方面来源于外在的激励，即他人的肯定；另一方面来源于内在的激励，即学习者本身的成功体验。美国学者丹尼尔·威林厄姆在回答"学生为什么不喜欢上学"这一问题时说得好："人们喜欢解决问题，但是不喜欢尝试解决不了的问题。如果学校的功课总是比孩子们所懂的难，他们不喜欢上学也是理所当然的。"从学生的学习发展来看，学习的激励是一个不断由以外在激励为主转化为以内在激励为主的动态结构。教学中应让学生充分得到尊重，使学生的主体地位得到发挥，个性得到张扬。在教学过程中，教师要充分调动学生的学习积极性，引发、提高学生的学习欲望，让学生品尝到学习成功的愉悦，体会到学习的魅力，推动探究性学习不断深入和可持续发展。

（4）过程性。注重学生的学习过程。顾泠沅先生认为："根据以学生发展为本的观念，新的课程体系必须正确处理教材、教师、学生三者的关系，要坚持加强基础，要特别重视发挥学习主体在认识活动中的主动和能动作用，重视由此导致的从问题出发、设计以解决问题的活动为基础的数学认识过程。"因此，课堂教学要重视学生在学习过程中所表现出来的学习态度和所运用的学习方法，强调学生在亲身参与探索性实践活动中所获得的感悟和体验，重视学生在发现问题、提出问题和解决问题的过程中的智能综合、思维运用和见解创新。对学生的学习评价要在探究活动中进行，因此更多的是采用形成性评价。只有这样才能充分收集到过程信息，才能发挥评价的激励功能和导向功能。

当代很多理论研究和实践成果都表明：检验教学方法的科学性要以学生学习的有效性为标准。教学过程中，任何教学方法的运用，只有在符合学生学习规律的前提下，才能做到有的放矢，其教学效果才能得到保证。宏观地说，对教学方法的终极评价应以有利于学生的终身发展为唯一标准。

因此，研究学生、分析学情是科学合理地选择教学方法的必要条件。由于智力发展和成长环境不同，学生在数学知识的掌握和数学能力的发展水平上存在差异，他们在数学学习上的需求也会有很大不同。为了满足学生的不同需求，做到既面向全体，又兼顾个性差异，一方面需要教师采用恰当的教学方法，切实体现因材施教；另一方面在研究学生和分析学情的时候，教师也应以班级大多数同学所共有的现状为依据。在这个基础上，我们一般要考虑的学情要素为：①年龄特征；②动机与兴趣；③心理素质；④知识储备；⑤能力水平；⑥认知结构；⑦思维品质。

## 四、师能

师能的重要性不言而喻。英国教育理论家、数学家、哲学家怀特海甚至把它列为最理想的教育的首要因素，他在名著《教育的目的》中这样叙述："最理想的教育取决于几个不可缺的因素：教师的天赋、学生的智力类型、他们对生活的期望、学校外部（邻近环境）所赋予的机会，以及其他相关的因素。"新课程改革已经使我国的教师队伍发生了一次亘古未有的历史性的变化，传统意义上教师的知识传授者的角色也发生了革命性的颠覆，主要体现在以下几个转变：

（1）由重传递向重发展转变；

（2）由统一规格教育向差异性教育转变；

（3）由重教师的"教"向重学生的"学"的转变；

（4）由重结果向重过程转变；

（5）由单向信息交流向综合信息交流转变；

（6）由居高临下向平等融洽转变；

（7）由教学模式化向教学个性化转变。

《普通高中数学课程标准（实验）》也对教师的角色和作用进行了明确的界定，并提出了系统而具体的要求。《标准》在"实施建议"中指出：教师不仅是知识的传授者，而且也是学生学习的引导者、组织者和合作者。

（1）引导者——既是学生人生价值观的引导者，又是学生自主学习的引导者。

①教师对学生的发展负有道义上的责任，教师要引导学生明确学习内容的价值和意义；引导学生明了自己想学习什么和收获什么，并学会检视和反思自我；引导学生正确选择和规划未来；帮助学生增强他们的自我价值观和实现人生目标的责任感和使命感。

②教学是有目标和方向的。教师必须围绕教学活动的目标与任务，为学生积极主动地学习、在学习中培养和发展能力、学会学习和创造提供可能、创设条件。

③学生是具体的、现实的、鲜活的、有着完整生命意义的个体，"引导"区别于"控制""驱使""牵引"等。尊重学生的自由意志和独立人格不仅是成功教育的条件，而且是教育本身的内在规律。

（2）组织者——既是学生学习活动的组织者，又是各类社团、兴趣小组、研究性学习团队等集体活动的组织者。

①教师根据已确定的教学目标，在研究教材客体和学生主体的基础上，对教学内容、学习环境、师生的行为与意识的作用和可能产生的各种效果进行预测，从而设计和规划教学行为，通过教学活动过程并运用各种方法和手段，使设想变为现实。

②教师组织者的身份还包括利用各类社团、兴趣小组、研究性学习团队等举办的集体活动组织学生寻找、搜集和利用学习资源，拓展学习空间；组织学生营造和维护学习过程中积极的心理氛围；组织学生对学习过程和结果进行评价，并促进评价的内在化。

（3）合作者——意味着双方的互相承认和资源共享。教师走下知识权威的"神坛"，学会"屈尊"和"倾听"，与学生共建人道的、民主的、和谐的、平等的师生关系。当然以上的"平等"关系不是绝对的，有学者提出教师是"平等中的首席"，此观点虽然有争议，但笔者认为有一定的科学性，不失为一家之言。

除了《普通高中数学课程标准（实验）》对教师角色新赋予的三大含义外，新课改还对教师的角色赋予了许多定位和作用，散见于各类文献的常见提法有：

（4）学习者——既是一个"专"家，又是一个"杂"家；既要有精深的专业知识，又要有广博的跨学科知识，并不断学习更新。

（5）研究者——研究教育教学规律，研究学生，研究教材教法，研究新形势下出现的各种新情况、新问题、新策略。

（6）催化者——既是人类科学文化知识的传播者，又是学生创造能力、创新精神的催化者。

（7）促进者——既是学生个性发展的促进者，又是学生全面发展的促进者。

（8）实践者——且行且思，在教育教学实践中不断反思。

（9）塑造者——新一代高尚道德、纯洁心灵、优雅情操、进取精神的塑造者。

（10）领导者——维护教学秩序，倡导自觉纪律，组织各类活动，建立和谐关系，凝聚团队精神，形成共同目标。

（11）开发者——既是国家规定课程的执行者，又是国家规定课程的开发者，同时也是校本课程的开发者。

（12）保健者——学生心理的保健医生，在关注学生身体健康的同时，关注学生的心理健康。

以上所列举的对教师新角色的定位确实令人望而生畏，但自孔子以降，千百年来广大教师又何尝不是在教师这个神圣的职业中担当着这些令人敬佩的角色呢？本书不想讨论这些宏观层面的问题，只是想提出两个方面的观点：

（1）笔者认为，新课改精神的本质含义并不是要求广大教师都要成为"全才"（事实上也不可能），而是要在"诸多的角色"中找到"自己最擅长扮演的角色"，在此基础上扬长避短，发挥自己最大的潜能以形成特色，达到苏联著名教育家阿莫纳什维利所说的："应该相信，我们每一个人都能成为一名无与伦比的、独一无二的、高水平的教育工作行家，需要的是要使我们每一个人都能善于发现自己的能力和潜力，都能富有灵感。"如果更进一步的话，教师应把特色升华为自己的教学风格。

（2）面临新课改的挑战，每一位教师应该更好地认识自己、审视自己、改变自己、发展自己。阿莫纳什维利说得好："应该赞扬钟情于科学和先进经验的教师，但这还不是问题的一切。只有在教师本人发现自己是他的学生们的生活探索者的时候，他才能获得关于儿童的切实可靠的知识。只有他本人在自己的创造性实践中发现的教育秘密才是真正切实可靠的知识，哪怕这是千千万万教师早已发现了的。""纸上得来终觉浅，绝知此事要躬行"，要想成为一名优秀的教师，必须在实践中不断地反省自己的教育教学行为，根据自己的素养条件，学会选择与自己条件相适应的教学方法，并不断地改进和提高自己的教学水平。如果更进一步的话，教师应能够借鉴、吸收本书倡导的"整合、优选、发展"的教学策略中的合理部分，更好地上好每一节课。

### 五、环境与资源

环境和资源对育人的影响是十分巨大的,我国古代"危邦不居""孟母三迁""物以类聚,人以群分"等成语故事早已深入人心。认识环境影响育人的教育学家和心理学家越来越多,正如美国学者戴尔·申克所说的:"大多数学习和教学理论都很重视学习者的动机因素,如对学习价值的认识、自我效能感、积极的结果期待,以及着重与能力、努力、使用策略的归因等。但环境因素的作用也是不能忽视的。研究越来越清楚地表明,环境因素能够影响教师做什么和学生怎样做。"

环境与资源是指影响教育教学行为的各种因素和条件,分为班级、校内和校外三个层次。就教育而言,环境一般包括物质、社会和心理三个方面。

物质环境,如班级的教学设施,教室的文化氛围(装饰风格、美化程度),学校图书馆的规模、藏书量、技术设备,学校实验室的现代化程度,学校的体育、艺术场馆,社区的物质条件和学生家庭经济状况等。

社会环境,如班级组织状况、师生交往融洽度、学校管理水平、教师素养、家长文化背景、社会风气等。

心理环境,如班级学生的心理状况,校风、学风、教风,社会心理面貌,传统观念和现代意识等。

教学资源可以理解为一切可以利用于教育、教学的物质条件、自然条件、社会条件以及媒体条件,是教学材料与信息的来源。在教学资源构成的大环境下,学生的学习需求在教师的指导下,可以主动地利用资源来满足。我们应该认识到,不仅教学媒体是教学资源,教师和学生也是教学资源,要充分利用一切可以利用的资源,为学生创造一个更完善的环境。

自从20世纪30年代视听教育兴起以来,媒体的种类越来越多,应用也越来越广泛,教育观念也随之发生变化。早期,教师被看成信息源,媒体只起单向传递作用,把知识传授给学生,学生处于被动学习状态;到70年代,人们认识到学生是学习活动的主体,媒体成为师生相互沟通的中介,师生应该更多地交流；到了 80 年代，学习心理学的发展推动了教育技术的进步，媒体再也不仅仅是传递信息的"通道"，而是构成认知活动的实践空间和实践领域，人们更加注意和关心媒体环境了；到了 90 年代，人们认识到教育技术是对与学习有关的过程和资源进行设计、开发、运用、管理和评价的理论和实践，教学资源已经被提到了非常重要的地位，关心教学资源建设，加强对教学资源的认识和研究是极其迫切的任务。

人类历史跨入 21 世纪后，教育的方式又发生了颠覆性的变革，其显著标志是对教学资源的加速开发和利用，如当下流行的"翻转课堂"。在这种教学模式下，在课堂内的宝贵时间里，学生能够更专注于主动的基于项目的学习，教师不再占用课堂的时间来讲授信息，这些信息需要学生在课后自主完成，他们可以看视频讲座、博客、电子书，还能在网络上与别的同学讨论，能在任何时候去查阅需要的材料。教师也能有更多的时间与每个人交流。在课后，学生自主规划学习内容、学习节奏、风格和呈现知识的方式，教师则采用讲授法和协作法来满足学生的需要和促成他们的个性化学习，其目标是为了让学生通过实践获得更真实的学习。翻转课堂模式是大教育运动的一部分，它与混合式学习、探究性学习，以及其他教学方法和工具在含义上有所重叠，都是为了让学习更加灵活、主动，让学生的参与度更强。

另外，这里所讲的资源也包括在教学过程中，学校或教师能够调动或通过社会关系能够调动的一切人力、物力、财力。如一所学校办学历史悠久、人才辈出，在教育教学过程中就有可能邀请到杰出校友给学生做励志讲座、最前卫的学术报告，或介绍当今世界最前沿的科学和文化领域，当然也可以资助学校现代化建设的硬件设施。

从宏观角度看，在当代社会和教育教学转型背景中，环境（包括资源）凸显出了文化的本质，实质上是一项人类的生命存在及其活动的各种文化因素的总和。就教育活动来说，环境与资源包括了各种空间、时间进程中的影响学生学习的各种文化因素。从文化结构逻辑看，就存在着实体性环境类型和功能性环境类型，前者分为教室、宿舍、校园、家庭和社区等层次，后者分为生理环境、心理环境、物质环境、人际环境、符号环境和活动环境等。这些环境相互作用、相互影响、相互交融，营造出一定的教育环境，从而影响着学生的心理发展和学习结果。

从微观角度看，环境（包括资源）对教育教学方法的影响是不言而喻的。如对班级的教学设施而言，一个现代化程度很高的学校，班级教学设施可能包含着投影仪、多媒体、电子白板、电视等现代化教学设施，给教师依据教学环境条件选择教学方法带来很大的自由度。教师在选择教学方法时，可率先考虑在条件允许的情况下，最大限度地运用和发挥教学环境条件的功能与作用。而一所条件较差的乡村学校，教师可能更多地靠粉笔加黑板的传统模式惨淡经营，也许只能更多地依靠讲授法、谈话法、讨论法等语言类为主的教学方法。

本节列举的几个基本要素及其相互关系，就构成了课程和教学系统的基本状态，其中教师发挥着关键的作用。对学生来说，教师是学习活动的组织者和引导者；从目标来说，教师是学生学习目标的导师和指路人；从内容来说，教师是学生学习内容的传授者和合作者；从环境与资源来说，教师是学生学习环境的设计者和开发者。

# 第三节　选择教学方法的策略

## 一、对核心概念的解读

整合：整合的精髓在于将零散的要素组合在一起，通过某种方式彼此衔接，从而实现信息系统的资源共享和协同工作，最终形成一个有价值、有效率的整体。本书中所讲的整合是指将与教学方法选择有关的要素进行分析整合，确定对教学方法选择起主要作用的因素，而这个过程中要实现的结果是促进学生在个人的价值观、知识和能力等方面的发展。本章将要考虑的教学要素包括：教学目标、教学内容、学情（包括认知水平、年龄特点等）、教师的特点及教学设施等。

优选："教无定法，贵在得法"，"优选"即教学方法的最优化选择。在本书中是指在教学过程中根据已经整合的教学方法选择要素（如教学目标和教学任务，以及学生与教师的具体条件），遵照教学规律和教学原则的要求，形成一种最优化的教学方法系统。它不一定是单一的某种教学方法，也可以是各种教学方法的综合运用，重视被选方法的层次搭配、主次顺序、相互补充、互相配合等方面的内容，然后灵活机动地应用这种方法来完成教学过程，使学生在规定时间内，以较少的时间和精力获得最大的发展。

发展：本书中指的是学生的发展，以学生发展为本。"发展"的含义包括：全体学生的发展、全面和谐的发展、终身持续的发展、个性特长的发展和活泼主动的发展。教师要面向全体学生，为学生的自我发展提供平等的机会；要充分理解学生发展的差异性、独创性，使学生的个性特长得到充分的发展，使学生在德、智、体、美等方面得到全面和谐的发展，并保证学生长久的、强劲的可持续发展能力。

"学生为本"的含义：价值观——一切为了学生；伦理观——高度尊重学生；行为观——全面依靠学生。学生不是被人塑造和控制、供人驱使和利用的工具，而是有其内在价值的独特存在，学生即目的。每一个学生既是具有独特性、自主性的存在，又是关系中的存在。学生首先是人，是"需要走向生活的人"，是"文化遗产中的人"，是"生活世界的人"，是"关系中的人"，是"时代中的人"，是"世界背景中的人"。

综上所述，整合要素是基础，优选方法是关键，学生发展是目标。发展的实现有赖于在教学中应用得体的方法。教师应实施教学方法的优选与整合，并形成教学方法系统。在系统内有利于创设教学与发展相统一的条件，使"三维教学目标"有高效的达成度，更好地促进学生的发展。

## 二、选择教学方法的原则和标准

教师应根据教学目标与内容、学情、师能、环境和资源等要素的不同，来选择最优化的教学方法，即选择最适合某课的教学目标和内容、最适合学生的认知实际、最符合教师自身个性心理特征的教学方法，从而最高效率地完成教学目标和教学任务，使课堂教学达到一个相对完美的境界。

（一）选择教学方法的原则

1.科学性原则

选择教学方法首先必须符合教育方针和教学规律，以及本学科特有的学科特点等规律性的要素。一般形成共识的数学教学规律有：

（1）具体与抽象相结合；

（2）理论与实践相结合；

（3）严谨性与灵活性相结合；

（4）演绎与归纳相结合；

（5）传授知识与发展能力相结合；

（6）巩固与发展相结合；

（7）全面发展与突出个性相结合。

2.适度性原则

教学方法的选择是否有效，必须把握好"适度"两字。首先必须适合教育方针和教学规律，特别是本学科独特的学科特点；其次要适合学生的能力、水平、需求、兴趣、态度等诸方面的要素；再次要适合教师自身的个性、经验、技能、风格等师能方面的因素。另外，还要适合环境、教学硬件等外部条件。

3.量力性原则

每个教师都有自身独特的学术背景、教学技能和个性品质，这就决定了其运用某些教学方法比用其他教学方法更加得心应手。在熟练掌握各种教学方法之前，教师最好精心选择几种自己能够驾驭的教学方法，在教学实践中根据教学目标、教学内容、学生特点、学习环境交替使用。特别是青年教师，尤其要先夯实自己的教学基本功，在选择教学方法时量力而行，避免好大喜功而造成欲速则不达的效果。当然，在此基础上，教师应不断学习、研究、实践新的教学方法，尝试把各种教学方法结合起来，努力形成个人独特的教学风格，避免陷入教学定式。

4.灵活性原则

"教学既是一门科学，也是一门艺术"，这个观点被很多学者和广大教师认同。作为"艺术"的课堂教学必然有"艺术"特有的百花竞放、万芳争春的特点，这就决定了教学方法的选择具有灵活性。一方面，如果一个教师在自己的教学生涯中只采用一种或几种教学方法，必然会引起学生的厌倦（很多厌学学生的案例已经充分证实了这种现象）。另一方面，笔者强调"优选"教学方法，除了灵活选用各种教学方法外，也包括针对单一的教学方法或教学模式，教师应根据具体教学的实际，强调对所选择的教学方法进行精心筛选、优化组合和综合运用，形成系统，从而追求教学过程最优化。

5.参与性原则

在教学方法（系统）的预设和生成时，还必须充分关注学生的参与性。再好的方法，教师如果眼中没有学生、心中没有学生也只能是屠龙之技。让学生"动"起来，甚至"疯"起来，让学生真正成为课堂的主人，是"优选"教学方法必须要考虑的原则，也体现了新课程改革所倡导的"学生为主体，教师为主导"的生态课堂的理念。

（二）选择教学方法的标准

教法的选择虽然有多样性，但必须服从目标、服从内容、服从学情，即在课堂预设时做到目标、内容、学情、师能等要素有机整合，课堂生成时必须有利于学生的发展，努力追求教学过程的最优化。其构建模式为：明确目标—研究内容—分析学情—整合教法—优化学法—追求过程最优化。

在实际工作中至关重要的是如何依据不同情况，从众多的教学方法之中进行较合理、较优化的选择。对教学方法选择的标准，教育学、教学论的教科书一般都提到的主要有三个：①教学目标；②教学内容；③学情。

另外，杜威高度重视对学生思维能力的培养的教学观也能给我们优选教学方法带来启迪。杜威认为，教学法的要素与思维的要素是相同的，他把思维五步法直接用到教学方法上："第一，学生要有一个真实经验的情境；第二，在这个情境中产生真实的问题，作为思维的刺激物；第三，他要占有知识资料，从事必要的观察；第四，他必须负责有条不紊地开展他所想出的解决问题的方法；第五，他要有机会和需要通过应用检验他的观念，使这个观念明确，并且让他自己发现它们是否有效。"

下面，笔者从系统论的角度将选择教学方法的标准归纳为以下两个方面：

1.有利于形成最佳教学方法系统结构

教学方法系统结构是指系统内部各要素统一组合的秩序和方式。因此，它不是单一的某种教学方法，而是各种教学方法的综合运用，应该注意到被选方法的层次搭配、主次顺序，以及相互补充、互相配合等方面的内容。以上是就各要素的联系而言，在单独考察各个要素时，我们应该看到，教学方法系统的主体是教师和学生，教学方法系统只有在师生共同操作、调控下才能发挥功能。因此，教师、学生与系统内各要素间要相互适应，即每一方法要素都要符合教师、学生的实际情况，教师在选择时，要选择适合自己实际状况的各种教学方法。这样，才有利于发挥教师的主导作用和调动学生的主观能动作用。

2.有利于发挥教学方法系统的最佳功能

教学方法系统功能的发挥效果，首先取决于系统的结构。最佳教学方法系统结构形成后，有利于发挥教学方法系统的最佳功能。其次，取决于系统的环境条件，应该有效地使用教学方法系统的环境条件。需要考虑：

（1）某一教学方法对解决何种教学任务最为有效；

（2）某一教学方法对哪种教材内容最合适；

（3）某一教学方法最适合于哪一类教师、学生。

最后，教学方法系统的最佳功能的发挥，还取决于自身的控制、调节能力。

　　总之，虽然教学方法的选择可以有多样性，但正如布鲁纳最著名的"三个任何"所描述的："任何一个学科的基础知识都可能以某种形式教给任何年龄阶段的任何人。"虽然这个观点饱受争议，但很多情况下"某种形式"——最优化的教学方法（系统）一定是存在的。本章我们论述了教学方法选择的基本原则和标准，探讨了教学目标、内容、学情、师能、环境和资源等要素的整合和优选的思路，初步构建了最优化教学方法（系统）模式的框架，主要体现在两个方面：一是对影响教学方法要素进行分析和整合，找到主要因素，这是课前预设的基础。二是强调对教学方法筛选与组合，根据整合的要素来选择最优化的教学方法（系统），这是"整合、优选、发展"策略的关键。而学生发展是目标，它的实现有赖于在教学中应用得体的方法。实施教学方法的优选与整合并形成教学方法系统，在系统内有利于创设教学与发展相统一的条件，使"三维教学目标"有高效的达成度。简要地说，教学方法选择的基本步骤是：明确目标—研究内容—分析学情—整合教法—优化学法—追求过程最优化。

# 第四章　高中数学教学中翻转课堂教学模式的应用

## 第一节　翻转课堂教学模式的相关概念和理论基础

### 一、相关概念

（一）翻转课堂的定义

翻转课堂是传统课堂中课上教师讲解、课下学生做作业的颠倒，是课前将所要传授的知识通过教学视频、教学课件等教学资源呈现给学生，学生进行自主学习，课上学生进行自主探究、小组讨论，教师进行个别化辅导，总结完成课上知识的内化，从而提高课堂教学效率的一种教学模式。

目前，很多人对于翻转课堂存在误区，认为翻转课堂就是视频教学，用视频代替老师。而笔者认为，翻转课堂的实质是课前知识的传授和课上知识的内化，在此过程中增加教师和学生之间的互动和个性化交流，学生能够真正参与到课堂教学中，充分体现学生的主体性的一种教学方式。

（二）翻转课堂的特点

翻转课堂相较于传统课堂，主要表现在其具有以下特点：

1.师生角色的转变

相较于传统课堂，翻转课堂中教师由单纯地给学生讲解知识转变为管理课堂、指导学生自主学习，对学生进行个别化辅导；而学生由被动的知识接受者转变为课堂的真正参与者，通过小组讨论进行探究，课前自由支配时间安排学习的进程，增加师生之间的互动交流。

2.教学资源的转变

改变了传统教学中 PPT、课本等教学资源的单一化,在翻转课堂中教师可以给学生提供自己制作或者网上下载的微课视频。教学视频是教师针对某节课制作的,长度控制在 5～10 分钟,还可以保存,实现教育资源的共享。

3.教学过程的转变

翻转课堂颠覆了教师讲解、学生听讲练习的教学过程,而变为课前知识传授、课上知识内化的过程。把课堂学习知识转变为课前自主学习,课后的练习转变为课上的探究,把学生独立学习转变为小组协作。这样能使学生在有限的时间内掌握更多的知识,提高课堂的教学效率。

## 二、理论基础

### (一)建构主义学习理论

维果斯基、皮亚杰和布鲁纳等人认为,知识是学习者在社会文化背景下,利用必要的学习资料,在学习伙伴、教师等其他人的帮助下,通过意义建构的方式得到的。主要强调两个方面:第一方面是学生的主体性。学生在学习过程中通过自主学习、对遇到的问题进行查询、寻找解决方法,最终对所学知识完成意义建构。第二方面是教师的主导性。教师对学生的意义建构起帮助和促进作用。

在建构主义学习理论的指导下,学校应本着主导、主体相结合的原则设计和实施符合本地高中的教学模式。在进行教学设计时,教师要根据学生的特点,以导学案的形式呈现课前自主学习的任务单,使学生根据教师发布的任务,通过视频等学习资源进行新课的预习和学习。在教学过程中,教师进行巡视指导充分发挥主导作用,鼓励学生对设置的任务以及遇到的问题进行自主讨论探究,对于发现的问题及时更正、总结,充分调动学生的学习积极性,培养他们解决问题的能力,最终完成对于知识的意义建构的过程。

（二）金字塔学习理论

学习金字塔最早是由美国学者、著名的学习专家爱德加·戴尔 1946 年发现并提出的，它是一种现代学习方式的理论，是美国缅因州贝瑟尔国家培训实验室对学生采用不同的学习方式，反映学生学习内容的平均学习保持率的理论。学习金字塔分为被动学习和主动学习。被动学习主要体现在学生听讲、阅读、试听和演示，而主动学习主要体现在学生自主探究、谈论、实践和应用，其中给他人讲解的方式是学习内容保存率最高的，能到达 90%。

教师的教学方式不同，学生的学习效果也会不一样。在翻转课堂中，教师要引导学生自觉参与课前和课后的活动中，由被动听转化为主动学，转变学习方法。在成果展示环节中，学生将一些问题的解决方法讲解给其他同学，在参与中掌握知识，实现了从知识到能力的转化，提高了课堂的效率。

（三）混合学习理论

混合学习理论注重体现教师的主导作用和学生的主体性，将传统教学中的面对面教学与学生的网络学习进行有机结合。翻转课堂中课前的在线学习和课上的自主探究展示学习充分体现这一思想。另外，混合学习理论强调在现代教育技术支持下，为学习者创造有利的学习环境、传输有效的信息，这为翻转课堂中课前教学资源的设计和开发提供了借鉴。

# 第二节　高中数学教学翻转课堂模式的构建

## 一、翻转课堂教学模式的分析及优势

（一）翻转课堂的教学模式

2012 年以来，国内外关于翻转课堂教学模式的研究越来越多，主要体现在两个方面：第一方面，翻转课堂教学模式的理论研究；第二方面，翻转课堂教学模式的实践应用研究。要将翻转课堂应用于基础教学学科中，需要对一线教师提供一些可操作性的指导。

下面笔者总结了目前国内比较流行的两种翻转课堂教学模式：

1.张金磊等人提出的翻转课堂教学模式

南京大学教育研究院的张金磊、王颖等人基于建构主义学习理论、系统化教学设计理论、翻转课堂的内涵以及 Robert Talbert 教授的翻转课堂教学模型，构建出更加完善的翻转课堂教学模式。该模式主要分为课前学习和课堂学习两部分，课前学习主要包括通过观看教学视频进行新知识的学习，并通过前练习来检测课前预习的效果，在学习和练习时遇到问题，还可以借助交流平台进行交流讨论。课堂学习主要包括确定问题、创建环境、独立探索、协作学习、成果交流和反馈评价六个部分。这六个部分相辅相成，其中，信息技术和学习活动贯穿于整个教学活动中。

2.曾贞提出的翻转课堂

曾贞是我国较早倡导采用翻转课堂教学模式的学者。她认为翻转课堂是更多地照顾落后的学生，在充分的互动中，教师针对不同学习程度的学生进行指导，最终实现个别化的教学。这种模式主要分三个关键步骤：

（1）观看视频前的学习——讨论并提出问题。这个步骤主要是学生在学习的过程中通过讨论并提出问题，教师通过设定情境、讨论问题增加学生的参与性，让学生明确学习目标。

（2）观看视频时的学习——根据问题寻找答案。本环节要求学生带着问题，通过观看教学视频寻找解题答案，并借助媒体在线平台进行同学之间的互动和师生之间的互动，从而找到答案。

（3）应用并解决问题的学习——深入问题进行探究。这个环节主要体现在课堂中，学生通过深入问题进行探讨，最终实现知识的内化。教师对课前学生观看教学视频产生的问题进行收集和总结，确定学生的理解程度，对于大多数学生共同产生的疑问提出问题，并要求各小组进行讨论，使学生对知识有更深入的理解。

最后对本节课所学的知识以做题的形式进行检验，了解并检验学生的学习效果。

（二）翻转课堂较传统课堂的教学优势

1.有利于关系和谐

在翻转课堂中，师生有充分的互动和交流，教师不再是课堂的"主人"，完全掌握课堂的话语权和主动权，而是需要与学生成为伙伴，互动学习，指导交流。同时，学生也不仅仅只是倾听、记笔记，而是主动参与教学活动，在与同学和老师交流谈论的过程中找到解决问题的方法，在整个过程中用和谐的师生关系维系教学活动，达到高效的教学效果。

2.有利于因材施教

在传统课堂中，所有的学生集中在教室听课、上课，听同样的内容、做同样的题、有相同的进度，教学方法和教学方式又完全一样。在翻转课堂中，学生提前观看教学视频，遇到的问题和疑惑可以通过交流平台进行交流和反馈；教师能及时了解每一位学生的学习情况、掌握知识情况，针对问题和学生特点，教师可以为学生提供个性化的帮助和指导，实现因材施教。

3.有利于知识的内化吸收

在传统课堂中，教师的教学进度统一，而学生的个体差异性较大，对于学习好的同学内容不够，缩小了提升空间；而对于学习差的同学消化不了，造成知识的堆积。而翻转课堂教学模式弥补了这种不足，最大限度地增加了学生的学习消化时间。学生在课前通过观看教学视频进行学习，自主控制学习时间和视频播放的次数和速度，遇到问题可通过网上查阅或向老师求教；课上与小组成员交流讨论、教师讲解完成知识的内化吸收。从而让所有学生都能够参与到学习过程中去，使大部分学生能够完全理解和吸收新知识。

## 二、翻转课堂在高中数学教学中的必要性和可行性

（一）学生的特点和需求

高中生目前已经具备一些能力，比如自主学习能力、小组探究的能力、语言表达能力、独立解决问题的能力等，也具备一定的信息技术素养。在课堂教

学中，学生可以根据老师布置的小组作业进行小组之间讨论探究，通过本环节培养学生的小组合作能力，使学生更多地参与到教学活动中；在遇到问题时，学生有能力通过询问同学、向老师请教、借助网络平台等手段进行交流或者搜索答案等方式解决问题，而且像微信、QQ、乐教乐学等程序的开发和利用为教学提供有利的交流平台。在成果展示环节，学生能够完成汇报，在这个过程中可以提高学生的语言表达能力。对于一些自制力比较差、组织能力比较差的学生，通过小组协作，在老师和同学们的带领和引导下能最大限度地参与到教学活动中，这样他们能感觉到受到重视和有成就感，从而激发学习兴趣。

（二）教师的专业素质

在实施翻转课堂教学模式的过程中，教师的角色至关重要，这就要求教师有很高的专业素质和信息技术方面的素养。在给学生布置的任务设计方面和在小组协作讨论交流过程中，教师的组织观察能力，学生成果展示时教师的点评和总结，课前准备学习资源、课件、微课的录制等方面都需要教师有很高的信息技术方面的素养。若老师们专业素质比较高，对于翻转课堂教学模式有一定的了解，对于计算机相关的技术也比较熟悉，就能够制作出课前需要的一些微课的教学资源，也就能保证翻转课堂教学模式的顺利实施。

（三）新课改的要求

2003 年教育部颁发的《普通高中课程标准（实验）》规定："课程改革着力于改变学生的学习方式，注重培养学生的自主性，引导学生质疑、探究，在实践中学习；致力于培养学生获取新知识的能力、分析和解决问题的能力、交流与合作的能力。"翻转课堂教学模式弥补了传统教学模式的不足，能有效利用现代教育技术手段开展教学，将理论和技术进行有效的整合。另外，翻转课堂教学模式强调学生的小组协作、自主探究、成果展示等环节，能提高学生交流与合作的能力和解决问题的能力，最终实现教学目标。

## 三、基于翻转课堂的高中数学教学模式的设计

（一）基于翻转课堂的高中数学教学模式的设计原则

教学设计在教学活动中是很重要的，而翻转课堂的教学设计与传统课堂的教学设计又有很大的区别。与传统的课堂相比，翻转课堂在翻转教学过程的基础上，更多地强调在教学过程中学生的主体地位和教师的主导地位相结合。数学教学的交流探究、勤于思考的特点更适合翻转课堂的教学模式。笔者基于翻转课堂在高中数学中的应用的教学设计总结以下几个原则：

1.主导主体相结合

在教学设计时要强调学生的主体地位。教师在教学活动的设计和开展过程中面对的重点对象是学生。学生获取知识不再仅仅是倾听教师的讲解，在课前，更多的是学习教师课前准备的视频资料、课件等学习资料，学习过程中遇到问题和疑惑通过网络平台交流讨论；在课上，小组之间讨论交流解决存在的问题，最终完成课堂知识的内化。

翻转课堂并不是只强调学生的主体地位而忽视教师在教学过程中的主导性。与传统的课堂相比，教师的角色发生改变，但是在整个活动中，教师的作用仍然是至关重要的，而且在翻转课堂中对教师的素质要求更高。在传统教学中，教师仅仅是知识的传授者和灌输者；而在翻转课堂中，教师需要为学生准备教学资源、创设合适的教学情境、指导学生解决问题、对成果展示环节进行点评、总结知识点等，激发学生的学习兴趣和学习动机。教师和学生默契配合，相辅相成，同等重要。

2.交流的有效性

小组协作交流这一环节是与传统教学模式相比翻转课堂的优点之一，包括学生与学生之间的互动交流以及教师和学生之间的互动交流。在交流互动过程中，有利于激发学生对问题的思考和深入探究，还可以培养师生、生生之间的感情，懂得理解和尊重他人。教师在对学生课前知识的掌握情况进行了解的基础上设置有针对性的问题时，鼓励学生提问、思考、探究问题的答案。课堂互动

环节一定要有秩序地进行，应该保证学生在认真地交流，杜绝学生在交流过程中聊天、态度不端正等问题出现，保证讨论交流的质量和有效性。

3.实用性

尽管翻转课堂比较流行，但是在数学课堂教学中应用翻转课堂不是为了顺应趋势，而是为了改善数学课堂教学现状和存在的一些问题，提高数学课堂的学习效率。在设计和实践时应该依据具体的教学内容、学生的特点、学校的实际情况等，不能只是一味地求新。另外，不是所有的教学内容都适合翻转课堂这样的教学模式，对于一些比较容易理解的知识点，比如选修2中的"复数"，学生容易理解，可以联系生活中的实例，应用传统的教学模式就可以达到很好的教学效果，就没有必要再去应用翻转课堂了。总而言之，选择合适的教学内容、适合本地高中教学、设计最有效的教学设计才是最有效、最实用的。

（二）基于翻转课堂的高中数学教学模式的流程设计

笔者在从教师、学生等方面对翻转课堂的互适性进行分析，结合数学学科的课程特点和本地高中数学的教学现状，认真分析了罗伯特·陶伯特、张金磊、曾贞、钟晓流等国内外专家学者提出的翻转课堂教学模式的基本结构图之后，提出了适合本地高中数学课堂教学基于翻转课堂理念的教学模型。整个教学模式包括课前知识学习环节、课上知识内化环节和课后评价反馈环节三个方面。

这个模式除了包含课前和课上两个环节，还增加了课后的评价反馈环节，这样使整个的教学过程更加完善。课前活动注重培养学生的自主学习、合作交流能力，为课上完成知识的内化作铺垫。而教师课前为学生准备学习资源、课上发布任务以及个性化的指导，有利于体现学生的主体地位和发挥学生的主动性，激发他们的学习兴趣。该模型的优点首先表现在充分体现了小组协作、师生互助的优势；其次，本地高中将一节课设置为80分钟，每节课又分成两节小课，每节小课40分钟，这样对于住宿生来说，他们可以利用第一节去微机室进行课前的自主学习，通过设置两节课弥补了基础教育普通高中中对于翻转课堂实施的限制条件。对于本地处于中等水平的高中生而言，能掌握本节课所讲知识的 80%就可以，这种模式有利于学生在一定的时间内完成知识的内化。

1.课前知识学习

教师：结合教学目标、学生的特点、教学要求以导学案的形式制定学习任务单，然后搜集教学素材，利用 Camtasia Studio、绘声绘影等视频编辑软件制作微课等学习资源，并上传发布。在学生自主学习结束以后，根据学生反馈的问题，教师需要,结合教学目标以及学生反馈回来的问题进行分析，设计有实践意义的教学活动，引导学生学习。

学生：自主学习老师上传的学习资料，完成针对性的练习来检测掌握的程度，在此过程中有问题或者存在不懂的知识点，可以反复观看视频或者借助网络交流平台向同学和教师求助；同时要记录学习过程中的收获，方便课上与同学交流分享。

2.课中活动组织

教师：根据学生课前自主学习时的情况，组织学生之间交流学习过程中的收获和遇到的问题，鼓励学生独立解决。根据课前学习的反馈情况创设问题情境，根据学生的特点、成绩进行分组，并布置任务，使每个小组进行交流探究。在此过程中，教师应在教室巡视，进行个性化的指导，帮助学生解决问题；在学生展示成果时，需要给予学生一些评价和意见，以利于学生的成长和自身的提高。

学生：将自己课前学习中遇到的问题和收获积极与他人讨论和分享，在 20 分钟内完成课前教师布置的任务。课上教师布置完毕，快速站立进行讨论，与前桌或后一桌同学组成小组进行讨论探究，然后再与其他小组交流，确定最终的答案。讨论结束后，在老师的组织下积极上台展示成果，并进行讲解。其他同学在形成性评价和总结性评价两方面进行评价，实现知识的内化。

3.课后评价反馈

教师：一节课结束后，教师要对本节课进行教学反思和总结，记录并整理课堂中学生遇到的问题，以及解决问题的方式、方法。同时对暴露出来以及偏离预设的问题、本节课的不足之处进行深思，通过练习对学生所学的知识进行巩固和检测评价，并研究如何进一步改进和优化课堂的教学模式。

学生：学生对本节课的收获进行反思，也可以与同学进行交流；系统梳理整节课的重难点，并在错题本上将课上的错题和遇到的问题重新整理；完成教师布置的练习和拓展练习，进一步巩固所学知识。

# 第三节　高中数学翻转课堂教学设计

## 一、教学分析

（一）教学内容的选取与设计

应用翻转课堂这种教学模式要求学生在课下通过自主学习完成规定的教学内容，但高中数学内容比较多，内容的难易程度不同，对于一些简单的如算法、统计等学生可以自主探究，而对于比较难的知识点如解析几何、导数中的问题等必须通过教师的讲解学生才能够理解。因此，教师在选择和设计教学内容时要注意以下几点：（1）教学内容具有关联性。在设计教学活动时，教师要能够联系学生之前学过的知识或者已有的经验、生活实际引入新的教学内容，激发学生的学习动机。（2）便于学生探究。小组合作探究是翻转课堂最重要的环节，教师结合教学内容给学生布置的任务、提出的问题，需使学生能够根据任务展开讨论，特别是一题多解的问题，要能使学生在此过程中积极参与、深入探究，从而解决问题。

笔者认为必修3中的第一章《算法初步》的最后一节《算法案例》比较适合用翻转课堂教学模式。这节课的内容是在学完输入语句、输出语句、赋值语句、条件语句和循环语句等基本语句的基础上展开的，而且《算法案例》分两个课时，笔者选第1课时求最大公约数的两种方法，每种方法可以运用计算、画程序框图和编写程序语言的方式，有利于学生探究讨论，充分发挥学生的思维。

（二）教学目标分析

在翻转课堂中制定有效的教学目标是非常重要的。美国教育心理学家布卢姆将教学目标进行了分类，提倡从记忆、理解、应用、分析、评价和创造六个层次对教学目标进行分析和制定。而这六个层次是由低到高进行排列的，前三个属于低级层次，后三个属于高级层次，而后三个层次的教学目标更能体现翻转课堂教学模式。学生的学习、教学活动的设计等都应紧紧围绕教学目标，因此教师在编写教学目标时要用准确的动词描述学生的行为。

## 二、教学资源设计

翻转课堂的教学资源丰富多样，灵活性比较强，主要来源于两个方面：一是学生上网查阅资料和订购的书本资料，二是教师为学生课前准备的导学案和微视频。

（一）导学案的设计

学生利用导学案自主学习，教师通过导学案明确学生达成的学习目标，导学案贯穿在教学过程的每一步和每个环节，包括课前自主学习，课上协作探究、重难点讲解，课后总结反思等环节。而导学案的编写需要注意以下几点：第一点是教学目标用词要明确，不要用"了解"等泛泛程度的词，应该用"会用""背诵""运用公式解决什么问题"等可检测的词语。第二点是设计的问题要有梯度，由简而难，逐层深入，培养学生思考问题的能力。第三点是在自主学习环节应该呈现本节课的基本知识，可以以问题的形式，也可以以填空的形式，这样在学生自学课本的同时填写导学案中基本知识，更容易让学生记忆和掌握。

（二）教学视频的设计

翻转课堂中最主要的教学资源就是微课。微课是教师在《课程标准》的指导下，根据教学内容对某一个知识点进行讲解的视频。同其他教学资源相比，微课不仅融合了文字、图片、声音、动画等各种元素，还可以将抽象的知识具体化、生动化，刺激学生的感官，激发学生学习的兴趣。

教学视频具体体现的是教学内容，在制作视频时不仅要保证涵盖本节知识的重难点，还要保证传达的内容容易理解，学生通过学习视频能够理解并运用基本的知识点解题。在此学习过程中，学生不是完全独立的，而是需要教师一定程度的指导，这就给教师提出要求：教师要给学生提供足够的语言指导，讲解的语速一定要放慢；在讲解重难点知识的时候语调要有适当的变化，在画面上可以适当增加一些重点符号或者一些其他的标志重点强调，给学生提示。另外，视频的录制时间一般在 5～10 分钟，因此要求视频的画面一定要保证清晰，画面中不能有分散学生注意力的事物，尽可能增加学生集中注意力的时间，提高学习效率。

教学视频的来源主要包括两个方面：一方面是从网络中下载他人的优秀微课，比如中国微课网、升学 e 网通等；另一方面是教师自己录制，这就需要教师有一定的信息技术方面的素养。当然随着信息时代的发展，录制微课的方法多样，可以选择比较方便简洁易操作的，比如数码相机、手机拍摄、摄像机等；也可以选择应用一些录屏软件，比如 Camtasia Studio。但是不论用哪种方式获得视频，都要保证与教学内容相符，以帮助学生学习知识，最终实现教学目标。

## 三、教学策略设计

国内外专家学者在研究教学模式的同时，对课堂中应用的教学策略也在不断地尝试和摸索。恰当地运用教学策略能提高学习效率，促进知识的意义建构。而翻转课堂依赖于经验丰富的老师，提倡教师将教学策略运用于高中数学课堂教学中，主要包括合作学习教学策略、问题探究教学策略、情境创设教学策略。

合作学习教学策略是翻转课堂中的基本教学策略,贯穿于整个教学活动中。在教学活动中，小组成员间通过合作探究，解决遇到的问题，达到知识的内化。而问题探究教学策略的运用要求教师根据教学的重难点和学生在课前自主学习中遇到的共性问题设计问题，引导学生主动探究，构建自己的知识体系，提高解决问题的能力。情境创设应从学生的兴趣、实际生活入手，将抽象知识具体化、复杂问题简单化，有利于激发学生的学习兴趣。这些教学策略不仅有利于学生对知识的掌握，并将知识应用于生活实践中，也有利于师生关系的和谐。

## 四、学习活动设计

学习活动是由教师和学生共同构成的，是一个完整的体系，主要包括课前自主学习、课上知识内化和课后反思三个方面。

（一）课前自主学习

课前，学生需要平台中下载教师上传的学习资料包，根据学习任务单的学习顺序、题目、内容和任务，通过观看教学视频进行学习。在此过程中，学生根据实际情况自行制订学习计划，并且在观看视频的过程中随时记录学习过程中遇到的一些问题。教师会给学生提供交流平台，比如乐教乐学平台等，利用建立班级讨论组的功能与同学们和老师们进行交流。教师在这个环节是至关重要的，除了需要对学生的问题进行汇总之外，还要根据学生自主学习的反馈设计课堂教学活动。

（二）课上知识内化

1.情境创设

教师要结合学生的生活经验或者已有的知识，引入本节课所学的知识，将抽象的知识形象化、具体化，使学生在参与的过程中，激发学习兴趣和求知欲。

2.互助探究

翻转课堂教学模式采用问题探究教学策略，是学生学习过程中的一种有效的学习方式。教师在设计任务时，需要注意任务的有效性和每个任务之间的联系，这样任务的设置就会层层递进。另外对任务的设计要遵循难度适中、数量适量的原则，要保证学生有能力完成，并要包含本节课的重难点。由于每个小组讨论的问题相同，所以教师在设计任务时要能够促进小组成员之间的交流，引导学生积极参与。

3.展示学习

通过讨论，学生找到任务的解决方法，小组派出代表借助平台进行成果展示。在展示的过程中，教师需要对小组的展示在语言的表达和解题的步骤、思路等进行评价，可以增强学生的心理素质、自信心和成就感，锻炼学生的表达能力，使他们真正意识到自己就是课堂的主人，必须积极参与。本环节也是课堂活动设计中至关重要的一个环节。

4.教师精讲

在这一环节，教师需要对课前学生自主学习遇到的共性问题以及本节课涉及的教学重难点进行讲解；设置本节课重点例题，每个例题后面有一个变式训练，做到即讲即练。

5.总结提高

教师对本节课所讲的知识以及遇到的问题、解决问题的方法等进行系统的整理，并对重难点知识进行点拨，便于学生梳理本节课所讲知识，加深印象，总结提高。

（三）课后反思

课堂活动结束后，教师要对遇到的问题进行记录，总结和反思翻转课堂的整体情况，分析教学中出现的问题和教学设计中存在的不足，为后续的教学提供借鉴；学生需要对课上遇到的问题、解决的方法以及做错的题在错题本上进行整理，理清思路，分析原因，巩固提高。

## 五、教学评价设计

与传统课堂不同，翻转课堂强调学生要积极主动参与到课堂教学中来，教学形式也是多种多样的。这就要求对学生的评价方式不再单单根据成绩，而是考试和考察相结合，其中考试成绩占 60%，教师评价占 20%，其他占 20%，降低考试成绩在总评中的比例。为了有效判断学生掌握知识的程度，就需要对学生进行综合评价。笔者将基于翻转课堂的高中数学课堂教学的教学评价分为课下自主学习评价和课堂表现评价。

（一）课下自主学习评价

课下评价包括学生的学习情况、交流情况、课前任务单的完成情况。

学习情况主要是是指学生否观看教师准备的视频资料和其他在线资料。

交流情况是指学生在交流空间的参与度、提出的问题和疑惑的多少等。

课前任务单主要是针对学生在学习完教师准备的教学视频等资料以后，完成任务单上的练习题的情况以及正确率。练习题主要是对基础知识、概念、公式的一个应用，多以填空题、判断题的形式考查。

（二）课堂表现评价

课堂表现主要指在小组合作探究中学生的参与程度等。课堂评价也是比较重要的。为了有效地对学生进行课上评价，教师可以在最右侧黑板画出小组积分表，并对于小组活动情况进行赋分，在本节课结束后，统计每个小组的得分情况，并进行汇总。

# 参考文献

[1]焦洋.新课程背景下高中数学课堂有效教学策略分析[J].才智,2017(35):102.

[2]李凡亮.巧用留白,成就智慧数学课堂——高中数学"课堂留白"教学策略[J].数学教学通讯,2018(36):63-64.

[3]李国富.高中数学课堂教学中师生协作互动的教学策略[J].数学学习与研究,2019(2):40,42.

[4]李伟.高中数学有效课堂教学策略研究[A].《教师教学能力发展研究》科研成果集(第十卷),2017:4.

[5]李苇.高中数学课堂微型探究的教学策略[J].数学之友,2017(6):12-14,16.

[6]刘贵君.高中数学课堂有效教学策略探讨[J].才智,2017(13):76.

[7]孟祎历.课堂留白——高中数学课堂有效教学策略[J].内蒙古教育,2017(24):58-59.

[8]祁山国宝.高中数学翻转课堂教学策略探究[J].当代教研论丛,2018(10):61.

[9]芮建军,储小亚.基于"先行组织者"理论的高中数学课堂教学策略分析[J].数学教学通讯,2017(18):33-34.

[10]石明荣."数学运算"素养之"代数运算"教学策略探析——谈农村高中数学课堂教学之"代数运算"能力的培养[J].中学数学研究,2018(8):4-6.

[11]王开林.高中数学课堂有效教学策略校本研究[J].数学之友,2017(2):15-17.

[12]王梦龙.浅谈高中数学高效课堂教学策略[J].数学学习与研究,2018(5):51.

[13]肖常定.基于核心素养的高中数学课堂教学策略研究[A].《教师教学能力发展研究》科研成果集(第八卷),2017:3.

[14]肖扬.高中数学课堂教学策略有效性的研究[J].数码设计,2017,6(10):184.

[15]谢文敬.高中数学智慧型课堂教学策略研究[J].数学学习与研究,2018(1):50.

[16]许俊美.高中有效数学课堂教学策略研究[J].数学学习与研究,2018(13):73.

[17]许卫俊.高中数学课堂中的变式教学策略[J].高中数学教与学,2018(6):33-35.

[18]叶桂芬.高中数学课堂中有效教学策略的应用探究[J].课程教育研究,2018(5):159.

[19]张起洋.基于核心素养为导向的高中数学课堂教学策略[J].名师在线,2018(2):57-58.

[20]周志刚.在新高考背景下的高中数学高效绿色课堂教学策略应用研究[A].十三五规划科研成果汇编(第六卷),2018:4.

[21]朱丽萍.高中数学课堂教学中探究式教学策略的运用[A].教育理论研究(第二辑),2018:1.